알쏭달쏭 영어 표현 100
헷갈리는 영어회화 표현

알쏭달쏭 영어 표현 100
헷갈리는 영어회화 표현

초판 1쇄 발행 2025년 10월 3일

지은이 전정국
펴낸이 장길수
펴낸곳 지식과감성#
출판등록 제2012-000081호

교정 이주연
디자인 정윤솔
편집 윤혜성
검수 한장희, 윤혜성
마케팅 김윤길

주소 서울시 금천구 벚꽃로298 대륭포스트타워6차 1212호
전화 070-4651-3730~4
팩스 070-4325-7006
이메일 ksbookup@naver.com
홈페이지 www.knsbookup.com

ISBN 979-11-392-2839-7(13740)
값 16,800원

- 이 책의 판권은 지은이에게 있습니다.
- 이 책 내용의 전부 또는 일부를 재사용하려면 반드시 지은이의 서면 동의를 받아야 합니다.
- 잘못된 책은 구입하신 곳에서 바꾸어 드립니다.
Copyright 2025 The WAYTA

지식과감성#
홈페이지 바로가기

알쏭달쏭 영어 표현 100

헷갈리는 영어회화 표현

written by **John Jeon** 전정국

Introduction

영어를 배우거나 가르치다 보면 아는 단어, 표현들인데 헷갈리는 것들이 많이 있죠. 학생들뿐만 아니라 선생님들도 **헷갈리는 표현들**이 꽤 있어요. 고로 제가 시간을 들여서 이렇게 알쏭달쏭한 표현들을 모아 알기 쉽게 정리했습니다.

처음에는 해당 표현들을 블로그에 포스팅하다가 유튜브 영상을 촬영하게 되었고 마침내 이렇게 책으로까지 출간을 하게 되었네요. 각 표현마다 QR 코드를 스캔하면 **강의 영상**을 보실 수 있습니다. 또한 **빈칸 채우기**를 하면서 이해했는지 확인해 보고 예문들을 **영어로 말해** 보면서 복습할 수 있습니다.

알쏭달쏭한 표현들을 정리, 비교하면서 확실히 구분되지 않는 표현들도 있었는데, 영어도 하나의 언어이기 때문에 완벽하게 구분하기가 어렵다는 걸 새삼 느꼈습니다. 사용 빈도로 구분을 해야지 옳고 그름으로 구분을 하기는 어렵습니다.

앞으로 영어회화를 공부하면서 헷갈리는 표현들이 나올 때마다 이 책을 펴고 이해하시면 좋겠습니다.

2025
John Jeon(전정국)

Contents

Introduction	4

위치, 장소 표현들

001	It is, There is	16
002	Toilet, Restroom, Bathroom	18
003	Home, House, Place	20
004	On the street, In the street, At the street	22
005	Over, Above, Beyond	24
006	Bar, Pub, Hof	26
007	By, Beside, Next to	28
008	On the beach, At the beach, By the beach	30
	- 빈칸 채우기 정답 / 복습	32

활동 표현들

009	Go hiking, Go climbing	34
010	Travel, Trip, Tour, Journey	36
011	Play, Hang out	38

012	Take a walk, Go for a walk	40
013	Participate in, Attend	42
014	Meet, Meet with, Meet up with	44
015	Go to see, Go see	46
016	Book, Reserve	48
017	Migrate, Emigrate, Immigrate	50
	- 빈칸 채우기 정답 / 복습	52

동작 표현들

018	Take, Bring	54
019	Wear/Put on, Put off/Take off	56
020	Watch, See, Look at	58
021	Get up, Wake up	60
022	Get in/Get on, Get out of/Get off	62
023	Get out, Go out	64
024	Listen, Hear	66
025	Say, Talk, Speak, Tell	68
026	Coming, Going	70
027	Borrow, Lend, Rent	72
028	On foot, By foot, By walk, By walking	74
	- 빈칸 채우기 정답 / 복습	76

시간 표현들

029	Nowadays, These days	78
030	On the weekend, Over the weekend	80
031	Until, By	82
032	During, For	84
033	On time, In time	86
034	Day by day, Day after day	88
	- 빈칸 채우기 정답 / 복습	90

질문 표현들

035	What, Which	92
036	Have you been to, Have you gone to	94
037	Have you had lunch?	96
038	How are you doing?, What are you doing?	98
039	Why, How come	100
040	When you are, When are you	102
	- 빈칸 채우기 정답 / 복습	104

대답 표현들

041	There you go, Here you go	106
042	You're welcome, No problem, Not at all, My pleasure	108
043	Absolutely, Definitely, Exactly	110

044	Me, too / Me, either	112
045	See you later, See you soon, See you again	114
046	Yes, Sure, Okay, I see, Got it, All right	116
047	Oh my God, Oh my gosh, Oh my goodness	118
	- 빈칸 채우기 정답 / 복습	120

조동사 표현들

048	Must, Have to, Should, Need to, Be supposed to	122
049	May, Might	124
050	Can, Be able to	126
051	Will, Would	128
052	Can, Could	130
053	Used, Be used to	132
	- 빈칸 채우기 정답 / 복습	134

정도 표현들

054	Many, Much, A lot of, Lots of	136
055	Delicious, Tasty, Yummy	138
056	Interested, Into	140
057	Maybe, Perhaps, Probably	142
058	Wish, Hope	144
059	Worry about, Worried about	146

060	Curious, Wonder	148
061	Fun, Funny	150
062	Empty, Vacant	152
063	Handsome, Good-looking	154
064	Possible, Available	156
065	Almost, Most	158
066	Very, So, Too	160
067	Angry, Upset, Furious	162
068	Sick, Hurt	164
069	Plump, Chubby, Heavy, Overweight, Fat, Obese	166
	- 빈칸 채우기 정답 / 복습	168

동사/동사구 표현들

070	Marry, Marry with, Get married to	170
071	Would like to, Would love to	172
072	Think about, Think of	174
073	Be careful, Watch out	176
074	Fall, Drop	178
075	Arrive, Reach, Get	180
076	Keep, Continue	182
077	Describe, Explain	184
	- 빈칸 채우기 정답 / 복습	186

명사 표현들

078	Medicine, Medication, Drug	**188**
079	Chance, Opportunity	**190**
080	Something, Anything, Nothing	**192**
081	Break, Vacation	**194**
082	Crash, Clash, Crush	**196**
083	Test, Exam, Quiz	**198**
084	Smell, Scent, Odor	**200**
085	Person, Persons, People	**202**
086	Shirt, T-shirt, Trousers, Pants, Sweatsuit, Tracksuit	**204**
087	Subject, Topic, Issue	**206**
088	Holiday, Vacation, Day off, Leave	**208**
089	Gift, Present, Prize	**210**
090	Promise, Appointment, Engagement, Plan	**212**
	- 빈칸 채우기 정답 / 복습	**214**

접속사/전치사 표현들

091	One/Another/The other, Some/Others/The others	**216**
092	To 부정사, In order to, So as to	**218**
093	When I was young	**220**
094	Compare to, Compare with	**222**
095	Like, Such as	**224**

096	Each other, One another	226
097	You know	228
098	On & Off	230
099	Within, In	232
100	Due to, Because of	234
	- 빈칸 채우기 정답 / 복습	236
	- 서양 문화 엿보기	237

알쏭달쏭 영어 표현
100
헷갈리는 영어회화 표현

알쏭달쏭한
위치, 장소 표현들 (1~8)

001 It is, There is

수강생 한 분이 구분하기 힘들어하시는 표현이 **It is~**와 **There is~** 문장이에요. 어떤 차이가 있을까요?

It is~ 문장은 <mark>날씨/요일/시간/상태</mark> 등을 말하거나 보통 <mark>대명사</mark>(그것은)로서 명사를 대신해 사용해요.

ex) It is cold.
　　추워요.
　　It's Sunday today.
　　오늘 일요일이야.
　　It is my car.
　　(그거) 제 차예요.
　　It's a beautiful city.
　　아름다운 도시네요.

There is~는 <mark>위치</mark>(~이 있다)나 <mark>상태</mark>를 설명할 때 쓰고요.

ex) There is a park near my home.
　　우리 집 근처에 공원이 하나 있어.
　　There are many people on the bus.
　　버스에는 많은 사람들이 타고 있어요.
　　There is a notebook on the desk.
　　책상 위에 노트 한 권이 있어.

---

* 참고: There는 '그곳에, 저기에'란 뜻도 있다.
　　ex) Over there. 저쪽이에요.

There is a problem.
문제가 (하나) 있어.
There is nothing to eat.
먹을 게 전혀 없어.
There is nothing I can do about it.
그것에 대해 내가 할 수 있는 게 전혀 없어.

빈칸 채우기

1. _____ no bus stop.

    버스 정류장이 하나도 없어요.

2. _____ too expensive.

    너무 비싸요.

3. _____ not my fault.

    제 잘못이 아니에요.

4. _____ any restaurant near here?

    여기 근처에 음식점 있나요?

유튜브 해설 강의

* 요점: It is~는 보통 '그것은~', There is~는 '~가 ~에 있다'로 알고 있으면 된다.

Toilet, Restroom, Bathroom

보통 '**화장실**' 하면 Toilet 단어가 익숙하죠. 거의 대부분 Toilet으로 표시가 되어 있는 것 같아요.

한데 Toilet은 사실 '**변기**'란 뜻이고 영국 영어에서는 '**화장실**'이란 뜻으로도 쓰이죠.

ex) You have to flush the **toilet**.
  변기 물 꼭 내려야 돼.
  Please put used toilet paper in the **toilet**.
  사용한 화장지는 변기에 버려 주세요.

우리가 보통 이용하는 **공공장소**의 **화장실**은 Restroom이에요.

ex) Where is the **restroom**?
  화장실 어디 있죠?
  You may go to the **restroom**.
  화장실 가도 돼.

Bathroom은 욕조가 같이 있는 **가정에 있는** **화장실**을 말하고요.

ex) There are two **bathrooms** in my house.
  우리 집에는 욕실/화장실이 두 개 있어.

---

* 참고: john은 미국 영어에서 '화장실'이란 뜻도 있다.
  ex) I'll go to the john. 화장실 갈 거예요.

또한 **화장실**을 Ladies' room, Men's room으로 부르기도 하죠. **구식 건물 공중화장실**에는 WC(Water Closet)로 표기해 놓은 것도 볼 수 있어요.

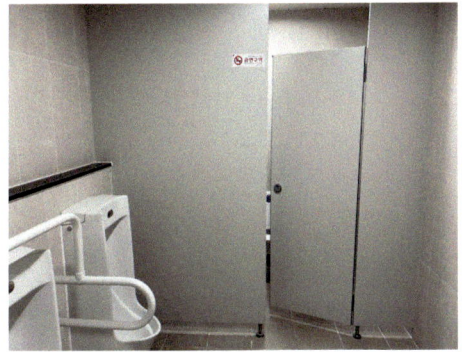

빈칸 채우기

1. Can I use the _____?

   화장실 써도 되나요?

2. I want to go to the _____.

   화장실 가고 싶어.

3. The _____ is over there.

   화장실은 저쪽에 있어요.

4. Don't forget to flush the _____.

   변기 물 내리는 거 잊지 마.

유튜브 해설 강의

* 요점: Restroom은 공공장소의 화장실, Toilet은 영국 화장실이나 변기, Bathroom은 가정에 있는 화장실

Home, House, Place

종종 헷갈리는 단어가 Home과 House죠. 어떤 때는 Home을 쓰고 어떤 때는 House를 써야 되는지 아시나요?

Home은 추상적 개념의 **집/가정/보금자리**예요. 혼자서 아니면 가족과 사는 **감정적 의미의 집**이죠.

ex) I'm **home**.
집에 왔어요.
I have to go **home**.
집에 가야 돼.
Home meal / **Home** made food
가정식
Jane misses **home**.
제인은 집을 그리워해요.

House는 물리적 개념의 **건물/주택/가옥**이에요. 아파트, 오피스텔, 빌라 등 구체적 **주택 형태의 공간**이죠.

ex) Do you have a **house**?
집 있어요?
We will move to a new **house**.
우린 새집으로 이사 갈 거야.
Buying a **house** in Seoul costs a lot.
서울에 있는 집을 사는 건 비용이 많이 들어요.

---

* 참고: 아파트는 영어로 flat이라고도 한다. 원룸은 studio, 오피스텔은 studio apartment/flat이라고 한다.

우리 집을 말할 때 **My place**라고 쓰기도 하는데 '**내가 생활하는 개인적인 공간**'으로서의 집을 뜻하죠.

ex) Come over to **my place**.
　　우리 집에 놀러 와.
　　Can I visit **your place**?
　　너희 집에 가도 되니?
　　I'll throw a party at **my place**.
　　우리 집에서 파티할 거야.

빈칸 채우기

1. I'll drop by your _____.
　너희 집 잠깐 들를게.

2. When will you have a _____-warming party?
　집들이 언제 할 거야?

3. Come back _____ as early as possible.
　가능한 한 일찍 집에 들어와.

4. I stayed at _____ all weekend.
　주말 내내 집에 있었어요.

유튜브 해설 강의

---

* 요점: 감정적 의미의 집은 Home, 구체적 물리적 형태의 공간은 House, 내가 생활하는 개인적인 공간은 Place

On the street, In the street, At the street

'거리에서'를 영어로 할 때 On the street으로 알고 있었는데 In the street을 쓴 문장도 있고 At the street을 쓴 문장도 있더라고요. 어떻게 구분해야 할까요?

On the street은 미국식 표현으로 on the bus, on the table처럼 **On이 지면과 붙어 있는 형태**로 '거리(위)에서'를 의미하죠.
거리 이름 앞에 On이 오는 것도 행인이 그 거리에 붙어 있는 걸 말해요.

ex) What were you doing **on the street**?
거리(위)에서 뭐 하고 있었어?

In the street은 영국식 표현으로 **건물과 건물 사이의 안(in)에 있는** 걸 말해요. 영국의 도로들은 양쪽으로 건물이 벽처럼 있고 그 가운데(안쪽에)에 도로와 인도가 있죠.

ex) I saw a man standing **in the street**.
거리에 서 있던 남자를 봤어.

* 참고: '도로, 거리, 가'를 영어로 Street 말고 Avenue라고도 한다.
  ex) His place is on Seventh avenue. 그의 집은 7번가에 있어.

At the street에서 At은 구체적인 주소/장소 앞에 오거나 **행인의 위치에 상관없이 일반적으로** '길에/길거리에' 있는 걸 말해요.

ex) There are no pedestrians **at the street**.
　　길거리에 행인이 한 명도 없어요.
　　She is sitting **at the** bus stop.
　　그녀는 버스 정류장에 앉아 있어.

빈칸 채우기

1. They are dancing _____ the street.
   그들은 거리에서 춤추고 있어.

2. There was a big crush _____ the street.
   거리에는 많은 사람들이 잔뜩 몰려 있었어.

3. Do you know what happened _____ the street?
   거리에서 무슨 일이 있었는지 아니?

4. What are you doing _____ the street?
   거리에서 뭐 하고 있어요?

유튜브 해설 강의

---

* 요점: On the street은 행인이 지면과 붙어 있는 모습, In the street은 건물과 건물 사이에 있는 모습, At the street은 위치에 상관없이

Over, Above, Beyond

'~위에, ~넘어'를 영어로 할 때 Over, Above, Beyond 중 어느 단어를 써야 할까요?

Over는 (움직임 있이) **어떤 것 위에 길게 걸쳐 있는** 경우 '~위에, ~에 걸쳐'란 뜻으로 쓰여요.

ex) Look at the girl **over** there.
저기 있는 여자 좀 봐. (사람이니까 움직임이 있겠죠)
What did you do **over** the weekend?
주말에/주말 동안 뭐 했어? (토요일에서 일요일까지 주말이죠)

There is a rainbow **over** the mountain.
산 위로 무지개가 걸쳐 있어요. (무지개가 있다가 사라지는 움직임)
The bridge **over** the river is under construction.
강 위에 있는 다리는 공사 중이에요. (다리가 길게 걸쳐 있죠)

Above는 **움직임 없이 어떤 것 위에 위치**해 있는 경우 '~위에, ~보다 높은'이란 뜻으로 쓰여요.

ex) There is a wall clock **above** the bookshelf.
책장 위에 벽시계가 있어.
Today' temperature is **above** zero.
오늘 기온은 영상이에요.

---

* 참고: Over my dead body '내 눈에 흙이 들어가기 전에는 안 돼.' '내가 눈을 감기 전에는 (절대) 안 돼.'
  ex) The mountain is 3,000 meters above sea level. 그 산의 높이는 해발 3천 미터다.

Beyond는 주로 추상적인 개념으로 '**~이상의, ~을 넘어서는**'이란 뜻으로 쓰이죠.

ex) ⟨Squid Game's⟩ popularity is **beyond** imagination.
⟨오징어 게임⟩의 인기는 상상을 초월한다.
Her answer goes **beyond** my expectations.
그녀의 답변은 내 예상을 넘어선다.
The village is **beyond** the hill.
그 마을은 언덕 너머(저편에) 있어요. [장소적 개념]

빈칸 채우기

1. It's _____ my knowledge.
   내 지식을 넘어서는 것이야.

2. What is that _____ your head?
   네 머리 위 저게 뭐지?

3. We have to pay _____ 10,000 won.
   만 원 이상 내야 돼.

4. I put the hat _____ my head.
   머리에 모자를 썼어.

유튜브 해설 강의

---

* 요점: 어떤 것 위에 움직임 없이 있으면 Above, 움직임 있이 길게 걸쳐 있으면 Over, 넘어(저편에)에 있으면 Beyond

Bar, Pub, Hof

술집을 영어로 할 때 맥주 마시는 곳은 Pub과 Hof, 양주 마시는 곳은 Bar로 보통 알고 계시죠. 정확히 구분해 보아요.

Pub은 원래 영국의 Public House에서 유래했는데 술을 마시는 곳에서 마을 회의도 하고 여러 사교 활동을 해서 Pub이 되었다고 하네요. 맥주, 와인에 식사까지 할 수 있는 곳이죠. **영국식 술집**으로 생각하시면 되겠네요.

Bar는 영국에서 시작됐지만 미국의 Bar 문화가 발달해 1, 2차 세계대전 때 유럽으로 퍼져 오늘에 이르렀다고 하네요. 위스키, 칵테일 등을 위주로 와인, 맥주 등 다양하게 판매하고 있죠. **미국식 술집**으로 보면 되겠고요.

Hof는 독일어로 정원, 광장이란 뜻이고 독일에 있던 양조장 이름에서 생겨났다고 해요. **독일식 맥줏집**이라 보면 되겠죠. 호프집 간판이 많긴 한데 영어로는 쓰지 않는 게 좋겠죠.

---

* 참고: 한국을 비롯한 일본, 중국에서는 술집에서 밤새 술 마시는 문화가 보편적인데, 미국이나 유럽에서는 해가 지면 집에 가는 분위기다. 술도 집에 가서.

빈칸 채우기

1. Do you like _____-hopping?

   너는 여러 술집 돌아다니며 술 마시는 걸 좋아하니?

2. Take me to an average American _____.

   보통 미국 술집으로 가 주세요.

3. Shall we go to the _____ tonight?

   오늘 밤 술 마시러 갈까?

4. I went to a _____ with my friend yesterday.

   어제 친구랑 호프집 갔었어.

유튜브 해설 강의

---

* 요점: 앞으로 술집 하면 Hof보다는 Pub이나 Bar로 쓰면 된다.

By, Beside, Next to

'~옆에'를 영어로 하면 By, Beside, Next to가 떠오르죠. 어떤 차이가 있을까요?

By는 물리적인 거리보다는 **시각적으로** '~옆에 있는' 걸 말할 때나 **심리적, 추상적으로** '~옆에 있는'을 말할 때 써요.

ex) He is **by** the river.
    그는 강 옆에 있어요.
    Tom stood **by** her side.
    톰은 그녀의 옆에 섰다.
    톰은 그녀를 지지했다.

Beside는 **한 팔을 뻗어 닿을 수 있을 정도**의 '~옆에 있는'이란 뜻이에요.

ex) Don't sit **beside** him.
    그 옆에 앉지 마.
    Her house is **beside** the tree.
    그녀의 집은 나무 옆에 있어요.

* 참고: 요즘처럼 층간 소음이 사회 문제인 때에는 건물들이 바로 붙어 있는(Next to) 게 별로 바람직하지 않다. 자연 옆에(By, Beside) 집이 있어야 좋다.

Next to는 **나란히 있는데 바로 옆에 붙어 있는 경우**에 쓰고 '**~옆에, ~다음으로**'란 뜻이죠.

ex) The restaurant is **next to** the bakery.
그 음식점은 빵집 옆에 있어요.
Who is **next to** you?
너 옆에/다음 누구니?
My **next** favorite food **to** pizza is hamburger.
피자 다음으로 좋아하는 음식은 햄버거야.

빈칸 채우기

1. Your car is _____ my car.
   네 차는 내 차 바로 옆에 있어.

2. The bedroom is _____ the kitchen.
   침실은 부엌 옆에 있어.

3. I'm _____ you.
   나는 네 옆에 있어.

4. They sat _____ each other.
   그들은 서로 나란히 앉았어.

유튜브 해설 강의

---

* 요점: By는 추상적, 심리적, 시각적으로 '옆에 있는', Beside는 손에 닿을 정도의 '옆에 있는', Next to는 ~에 나란히 '바로 붙어 있는'

On the beach, At the beach, By the beach

"나 해변에 있어."를 영어로 하면 뭘까요?

I'm **on the beach**는 해변의 **모래사장 위에 앉아 있거나 걷고 있거나 누워 있는** 걸 말해요.

I'm **at the beach**는 **일반적으로 쓰는 표현**으로 바닷물에 있을 수도 있고 해변 근처 가게에서 뭔가를 사 먹고 있을 수도 있고 해변 근처 마을에서 휴가 중일 수도 있어요.

I'm **by the beach**는 **해변가나 해변 옆에 있는** 걸 말해요.

---

* 참고: Beach[biːtʃ]와 bitch[bɪtʃ]를 발음에 유의해서 구분해 보자.
ex) Son of a bitch 개새끼, 개자식

빈칸 채우기

1. John is walking _____ the beach.
   존은 해변을 걷고 있어.
2. The cafe is _____ the beach.
   그 카페는 해변 옆에 있어.
3. Children are playing _____ the beach.
   아이들은 해변에서 놀고 있어.
4. She is _____ the beach.
   그녀는 해변가에 있어.
5. They are surfing _____ the beach.
   그들은 해변에서 서핑하고 있어.

유튜브 해설 강의

* 요점: '해변에 있어'라고 말할 때는 I'm at the beach가 가장 무난하다.

빈칸 채우기 정답

1. There 2. It's 3. It is 4. Is there
1. bathroom, restroom, toilet 2. bathroom, restroom, toilet 3. bathroom, restroom, toilet 4. toilet
1. place, house 2. house 3. home 4. home
1. on, in, at 2. on, in, at 3. on, in, at 4. on, in, at
1. beyond 2. above 3. over 4. over
1. bar 2. bar 3. bar, pub 4. pub
1. next to 2. by 3. beside 4. next to
1. on 2. by 3. at 4. by 5. at

복습 (아래 문장을 영어로 말해 보세요. 정답은 본문 예문 확인)

1. 아름다운 도시네요.
2. 우리 집 근처에 공원이 하나 있어.
3. 변기 물 꼭 내려야 돼.
4. 화장실 가도 돼.
5. 우리 집에는 화장실이 두 개 있어.
6. 집에 가야 돼.
7. 집 있어요?
8. 너희 집 가도 되니?
9. 거리에서 뭐 하고 있었어?
10. 길거리에 행인이 한 명도 없어요.
11. 산 위로 무지개가 걸쳐 있어요.
12. 책장 위에 벽시계가 있어.
13. 오늘 밤 술 마시러 갈까?
14. 그는 강 옆에 있어요.
15. 그 음식점은 빵집 옆에 있어요.
16. 나 해변에 있어.
17. 나 해변가에 있어.

알쏭달쏭한
활동 표현들
(9~17)

Go hiking, Go climbing

우리는 하이킹(Hiking) 간다고 하면 자전거 타러 간다고 생각하고 등산한다고 하면 Climbing을 떠올리죠. 한데 올바른 의미는 뭘까요?

Hiking은 시골에서 **장시간 천천히 걷는 도보 여행**이나 산책로나 오솔길을 걷는 걸 의미해요. 작은 산을 오르는 것도 포함하고요. 그래서 **등산**이 여기에 해당되죠. 자전거 타는 게 아니에요.

ex) I will **go hiking** this weekend.
　　이번 주말에 등산 갈 거야.

Climbing은 **가파른 바위**나 **산**, 실내 인공 **암벽 등을 오르는 걸** 말해요. 북한산 암벽등반, 겨울철 빙벽 등반 등. 그래서 등반 장비와 헬멧 등이 잘 갖춰져야겠죠.
우리나라는 가파른 산들이 많아 등산을 Climbing으로 말할 수도 있겠지만 엄밀히 따지면 Hiking이에요.

---

* 참고: 자전거 여행은 Bicycling이나 Cycling으로 쓰면 된다.

ex) He **went** rock **climbing** yesterday.
   그는 어제 암벽등반을 했어.

빈칸 채우기

1. Did you go ice _____?

   빙벽 등반하러 갔었니?

2. He goes _____ on the weekend.

   그는 주말에 등산해.

3. You should buy _____ shoes.

   넌 등산화를 사야 해.

4. Have you ever gone _____ Mt. Bukhan?

   북한산 등반해 봤니?

유튜브 해설 강의

* 요점: Hiking은 일반적인 등산, Climbing은 암벽등반으로 알면 된다.

Travel, Trip, Tour, Journey

'**여행**'을 영어로 하면 Travel, Trip, Tour, Journey가 있죠. 어떤 차이가 있을까요?

Trip은 **어떤 목적이 있는 짧은 여행**을 말해요. 주로 명사로 사용하고요.

ex) School trip 수학여행
Business trip 출장
Field trip 현장 학습
Round trip 왕복 여행
Take a trip 여행하다

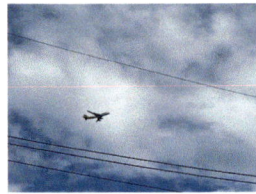

Travel은 **trip보다 긴 여행**이고, 해외여행을 말할 때 주로 쓰며 보통 동사로 사용해요.

ex) I want to **travel** to Jeju island.
제주도 여행 가고 싶어.

Tour는 정해진 프로그램, 스케줄 등에 맞춰 **가이드를 따라 답사하거나 둘러보는 여행**이죠.

ex) Package **tour**, Europe **tour**
패키지여행, 유럽 투어

---

* 참고: Excursion은 단체로 하는 짧은 여행이나 소풍을 말한다.

Journey도 **긴 여행**인데 **여정**이라고도 불리고 **여행의 과정**을 말할 수도 있고 **돌아온다는 보장이 없는 여행**이에요.

ex) Life is like a long **journey**.
인생은 긴 여정과 같다.

빈칸 채우기

1. John is back from his long _____.
   존은 긴 여행에서 돌아왔어요.

2. How was BTS's Europe _____?
   BTS의 유럽 투어는 어땠나요?

3. She's on a business _____.
   그녀는 출장 중이에요.

4. I want to _____ across the nation.
   전국을 여행하고 싶어.

유튜브 해설 강의

---

* 요점: 짧은 여행은 Trip, Trip보다 긴 여행은 Travel, 가이드와 둘러보는 여행은 Tour, 돌아온다는 보장이 없는 여행은 Journey

Play, Hang out

'놀다'를 영어로 하면 Play와 Hang out을 쓸 수 있는데 연령대에 따라 다르게 쓰여요.

보통 초등학생 정도까지는 '놀다'를 말할 때 Play를 써요.

ex) I'm **play**ing with a friend on the playground.
친구랑 운동장에서 놀고 있어요.
She **play**ed with her toys yesterday.
그 여자아이는 어제 장난감을 가지고 놀았어요.
Tom doesn't want to **play** with the kid.
톰은 그 아이랑 놀고 싶어 하지 않아요.

성인이 Play를 쓸 때는 '**운동 경기, 게임, 악기 연주**' 등에 사용해요.

ex) John **play**ed basketball with his friend.
존은 친구와 농구를 했어요.
I don't like **play**ing computer games.
컴퓨터 게임하는 거 좋아하지 않아요.
Did you **play** the piano last weekend?
지난 주말에 피아노 쳤니?

청소년 이상 성인들이 '**놀다**'라고 할 때는 Hang out을 쓰죠.

---

* 참고: 성인들이 '만나다, 모이다, 뭉치다'라고 할 때는 get together를 쓰고 '만나다, 보다'는 meet up을 쓴다.

ex) Where did you **hang out** last night?
어젯밤 어디서 놀았어?

Who are you **hang**ing **out** with?
너 누구랑 노니?

My mom **hung out** with some geeks.
엄마는 찌질이들과 어울렸어요.

빈칸 채우기

1. We don't _____ each other any more.
   우린 더 이상 서로 어울리지 않아.

2. Who is the kid _____ing in the street?
   거리에서 놀고 있는 아이는 누구지?

3. Shall we _____ cards?
   카드 게임 할까?

4. Where is your _____ place?
   네가 자주 놀러 가는 곳은 어디니?

유튜브 해설 강의

* 요점: 아이들이 '놀다'는 Play, 청소년 이상 성인들이 '놀다'는 Hang out. 성인들이 운동 경기, 게임, 악기 연주할 때도 Play를 쓴다.

012　Take a walk, Go for a walk

'**산책하다**'를 영어로 하면 **Take a walk**가 제일 먼저 떠오르죠. 한데 원어민들은 **Go for a walk**를 주로 사용해요. 어떤 이유 때문일까요?

Take a walk는 '**산책하다**'란 뜻도 있지만 '**꺼지다, 가 버리다, 퇴장하다**'의 뜻도 있어서 상황에 맞게 사용해야겠어요.

ex) I told him to **take a walk**.
　　난 그에게 꺼지라고 말했어.

Go for a walk는 '**산책하다, 산보하다**'란 뜻으로 쓰여요.

ex) I'd like to **go for a walk**.
　　산책하고 싶어.

Take a stroll도 '**산책하다**'란 뜻이 있는데 '**어슬렁거리다**'의 뜻도 있어 go for a walk보다는 좀 더 여유 있게 걷는 걸 말해요.

ex) It's good to **take a stroll**.
　　산책하기 좋네요.

---

* 참고: Take a picture '사진 찍다', Take a break '휴식하다', Take a nap '낮잠 자다' 등의 표현들도 익혀 두자.

빈칸 채우기

1. Where do you _____?

   어디에서 산책하니?

2. John likes to _____.

   존은 산책하는 걸 좋아해.

3. Why don't we _____ for a while?

   잠깐 산책하는 거 어때?

4. I _____ every weekend.

   난 매 주말마다 산책해.

유튜브 해설 강의

---

* 요점: 일반적으로 '산책하다' 표현은 Go for a walk를 쓰는 게 무난하다. Take a walk 과 Take a stroll은 다른 의미도 있다.

013 Participate in, Attend

온라인 언어교환 모임에서 한 미국인이 Participate인지 Attend인지 묻더군요. 그래서 attend라고 얘기해 줬는데 확실히 구분하지 않으면 원어민이 오해해요.

Participate in은 내가 주체자가 되는 등 **적극적으로 어떤 시합, 모임 등에 참가/참여**하는 거예요. **Take part in**도 같은 뜻으로 쓰이고요.

ex) I'll **participate in** the speech contest.
　　말하기 대회에 참가할 거예요.
　　Are you interested in **participat**ing in this program?
　　이 프로그램에 참여하는 데 관심 있어요?
　　Can I **participate in** the event?
　　제가 그 행사에 참여할 수 있나요?

Attend는 **소극적으로 어떤 모임, 회의 등에 참여**하는 거예요.

ex) Are you going to **attend** the meeting?
　　그 회의에 참여할 거예요?
　　I didn't want to **attend** yesterday.
　　어제는 참여하고 싶지 않았어요.
　　Which school do you **attend**?
　　어느 학교 다니니?

---

* 참고: '수업을 듣다'는 Attend a class나 Take a class '수강하다'

빈칸 채우기

1. I _____ John's class once a week.

   일주일에 한 번 존의 수업에 출석해.

2. Are you going to _____ our discussions?

   우리 토론에 참여할 거예요?

3. Most children _____ the Halloween event.

   대부분 아이들이 할로윈 행사에 참여했어요.

4. He had to _____ the funeral yesterday.

   그는 어제 장례식에 참석해야 했어.

유튜브 해설 강의

---

* 요점: 적극적으로 참여하는 건 Participate in, 소극적으로 참여하는 건 Attend

Meet, Meet with, Meet up with

'~와 만나다'를 영어로 할 때 Meet는 금방 떠오르는데 Meet with와 Meet up with는 잘 떠오르지 않죠. 어떤 차이가 있을까요?

Meet는 누구를 처음 만나거나 시간, 장소, 점심/저녁 등 특정한 목적을 위해 만날 때 써요.

ex) I met my friend at home.
집에서 내 친구를 만났어요.
Nice to meet you!
만나서 반가워요.
I want to meet him.
그를 만나 보고 싶어요.
I met Jane for dinner yesterday.
어제 제인하고 저녁을 먹으려고 만났어요.

Meet with는 형식적, 공식적, 비즈니스적으로 만날 때 쓰여요.

ex) I'm going to meet with professor Freddy.
프레디 교수님하고 만날 거예요.
I met with my colleagues for the meeting.
회의 때문에 동료들을 만났어요.

Meet up with는 친구나 지인 등을 캐주얼하게 만날 때 쓰고 Meet up은 '만나다+놀다'란 뜻이에요.

* 참고: Hang out '놀다', Get together '만나다, 모이다' 표현들도 알아 두자.

ex) Shall we **meet up** tomorrow?
   내일 만날까?

   I **met up with** my friend yesterday.
   어제 친구를 만났어요.

   I'll **meet up with** him tomorrow.
   내일 그랑 만날 거예요.

빈칸 채우기

1. Did you _____ John last week?

   지난주에 존 만났어요?

2. Let's _____ soon.

   곧 만나자.

3. Have we _____ before?

   우리 전에 만난 적 있나요?

4. I'm _____ing with a business partner.

   사업 파트너 만나고 있어.

유튜브 해설 강의

* 요점: Meet는 처음 만나거나 특정한 목적을 위해 만날 때, Meet with는 형식적/공식적으로 만날 때, Meet up with는 캐주얼하게 만날 때

015 Go to see, Go see

'영화를 보러 가다'를 영어로 하면 Go to see a movie인가요 아니면 Go see a movie인가요?

결론은 둘 다 가능합니다. Go see는 go and see에서 **and가 생략된 표현**으로 일상회화에서 많이 쓰여요.

ex) **Go** (and) **get** her.
여자를 데려와.
Go (and) **get** some rest.
가서 좀 쉬어.
I'll **go get** it.
가서 가져올게요.
I'll **go get** some beer.
맥주 좀 마시러 갈래요.

Would you **go** (and) **buy** some water?
물 좀 사다 줄래요?
Let's **go eat** something.
뭐 좀 먹으러 가자.
I have to **go study** English.
영어 공부하러 가야 돼.

---

* 참고: '나 보러 와'는 영어로 Come see me와 Come to see me 둘 다 가능하다.

I'll **go to** work tomorrow.
내일 출근할 거야.
I **went to** buy something.
뭐 좀 사러 갔었어.
Did you **go to** drink yesterday?
어제 술 마시러 갔었니?
Where do you **go to** learn English?
영어 배우러 어디 가니?

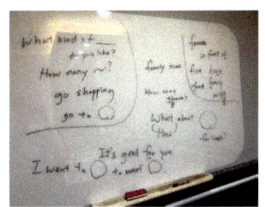

빈칸 채우기

1. Did you _____ meet your friend?

   친구 만나러 갔었어요?

2. I'll _____ get some coffee.

   커피 좀 사 올게.

3. He _____ get a taxi.

   그는 택시 잡으러 갔어.

4. I'll _____ make it.

   제가 만들러 갈게요.

유튜브 해설 강의

---

* 요점: '~하러 가다'는 go to+일반동사, go+일반동사 둘 다 가능하다.

Book, Reserve

'~을 예약하다' 할 때 Book과 Reserve 중 어느 것을 사용해야 할지 헷갈리시죠?

가격을 지불하고 예약할 때는 Book을 써요. **호텔, 항공권 예약 시** 사용하면 자연스러워요.

ex) I'll **book** the flight to Jeju island.
　　제주 항공권 예매할게요.
　　I'd like to **book** a room at Hotel Shilla.
　　신라호텔에 예약하고 싶어요.
　　The hotel is fully **book**ed.
　　호텔이 만석이에요.

Reserve는 특정한 목적이나 시간에 어떤 것을 **잡아 두거나 선점하는** 걸 의미하는데 **표나 가격을 지불했는지는 알 수 없어요.**

ex) Could I **reserve** a seat for tonight's performance?
　　오늘 밤 공연 예약할 수 있나요?
　　I'd like to make a **reservation** for next Friday.
　　다음 주 금요일로 예약할래요.
　　I'd like to **reserve** a table for three.
　　세 명 테이블 예약할게요.

---

* 참고: 인기 있는 음식점 등에 사전 예약을 하고 나타나지 않는 것을 No-show라고 한다. 그래서 호텔이나 항공권은 예약 시에 돈을 지불하게 하는 것 같다.

빈칸 채우기

1. I made a _____ by phone.
   전화로 예약했어요.

2. You'd better _____ the hotel early.
   호텔을 일찍 예약하는 게 좋아.

3. Do you have a _____?
   예약하셨나요?

4. Can you confirm my _____?
   제 예약 좀 확인해 주시겠어요?

5. How much is the _____ fee?
   예약요금이 얼마죠?

유튜브 해설 강의

* 요점: 실제 회화에서는 사실 별 차이가 없는데, 돈을 지불했는지 여부로 판단하면 될 것이다.

Migrate, Emigrate, Immigrate

'이민 가다'를 영어로 하면 Migrate, Emigrate, Immigrate 중에 어느 단어일까요?

Migrate는 보통 **많은 수의 사람이나 동물이 무리 지어** (한곳에서 다른 곳으로) 일시적으로 '**이주/이동하다**'란 뜻이에요.

ex) Birds **migrate** south in winter.
새들은 겨울에 남쪽으로 이동한다.
A number of people **migrate** from the countryside to the city.
많은 사람들이 시골에서 도시로 이주한다.

Emigrate는 **출발지를 기준**으로 '이민 가다, (다른 나라로) 이주하다'란 뜻이에요.

ex) My student has a plan to **emigrate** to America.
제 학생은 미국으로 이민 갈 계획이에요.
I want to **emigrate** to Canada.
캐나다로 이민 가고 싶어.

Immigrate는 **목적지를 기준**으로 (사람들이) '이민 오다, 이주해 오다'란 뜻이에요.

---

* 참고: Digital Nomad(디지털 유목민)란 표현도 알아 두자. 장소에 구애받지 않고 인터넷이 있는 곳이면 어디든 이동하며 일할 수 있는 사람을 말한다.

ex) When did you **immigrate** to Canada?
캐나다로 언제 이민 오셨어요?

Some of Korean women **immigrated** to Australia because of marriage stress.
몇몇 한국 여성들은 결혼 스트레스 때문에 호주로 이민 왔어요.

빈칸 채우기

1. His family _____ to America.
   그의 가족은 미국으로 이민 왔다.

2. Many of Ukrainians _____ this year.
   많은 우크라이나인들이 올해 이민을 갔다.

3. Farmers _____ during the harvest time.
   농부들은 수확 철에 이동한다.

4. She's lived as an Asian _____ in the US.
   그녀는 미국에서 아시아계 이민자로서 살아왔다.

유튜브 해설 강의

* 요점: 무리 지어 이동/이주하다는 Migrate, 이민 가다는 Emigrate, 이민 오다는 Immigrate

빈칸 채우기 정답

1. climbing 2. hiking 3. hiking 4. climbing
1. journey 2. tour 3. trip 4. travel
1. hang out 2. play 3. play 4. hangout
1. Go for a walk 2. Go for a walk 3. Go for a walk 4. Go for a walk
1. attend 2. participate in 3. participated in 4. attend
1. meet up with 2. meet up 3. met 4. meet
1. go to 2. go 3. went to 4. go
1. reservation 2. book 3. reservation 4. booking, reservation 5. booking, reservation
1. immigrated 2. emigrated 3. migrate 4. immigrant

복습 (아래 문장을 영어로 말해 보세요. 정답은 본문 예문 확인)

1. 이번 주말에 등산 갈 거야.
2. 제주도 여행 가고 싶어.
3. 어젯밤 어디서 놀았어?
4. 산책하고 싶어.
5. 말하기 대회에 참가할 거예요.
6. 어느 학교 다니니?
7. 만나서 반가워요.
8. 어제 친구를 만났어요.
9. 가서 가져올게요.
10. 뭐 좀 사러 갔었어.
11. 제주 항공권 예매할게요.
12. 세 명 테이블 예약할게요.
13. 캐나다로 이민 가고 싶어.
14. 캐나다로 언제 이민 오셨어요?

알쏭달쏭한 동작 표현들 (18~28)

018 Take, Bring

'가져가다, 데리고 가다', '가져오다, 데리고 오다' 이렇게 말할 때 Take와 Bring 중 어느 것을 써야 할지 헷갈리죠.

Take는 물건 or 사람을 **목적지에 가져가거나 데려갈 때** 쓰여요.

ex) **Take** it!
　　가져가!
　　Take it away.
　　치워 주세요.
　　Take me to a bar.
　　술집에 데려다주세요.
　　I **took** my children to school.
　　아이들을 학교에 데리고 갔어요.

Bring은 물건 or 사람을 **나에게 가져오거나 데려올 때** 써요.

ex) Did you **bring** an umbrella?
　　우산 가져왔니?
　　Bring her here!
　　그 여자 데려와!
　　What **brought** you here?
　　여긴 어쩐 일이세요?
　　Bring your own bottle.
　　술은 각자 가져오세요.

---

* 참고: Take는 '시간이 ~ 걸리다'란 뜻으로 많이 쓴다.
　ex) How long does it take? 시간 얼마나 걸려요?

빈칸 채우기

1. It will _____ you happiness.
   이것이 너에게 행복을 가져다줄 거야.

2. I will _____ her around Seoul.
   그 여자에게 서울 가이드 해 줄 거예요.

3. I'll _____ it home.
   집에 가져갈게요.

4. Would you _____ me some napkin?
   냅킨 좀 가져다주시겠어요?

---

* 요점: 목적지에 가져가거나 데려갈 때는 Take, 나에게 가져오거나 데려올 때는 Bring

019 Wear/Put on, Put off/Take off

알면서도 헷갈리는 '**입다**'란 영어 표현 Put on과 Wear를 비교해 보아요.

Put on은 (옷, 모자, 양말 등을) **입거나** (화장품 등을) **몸에 바르는 동작, 행동**을 말해요.

ex) John is putting on his jacket.
　　존은 재킷을 입고 있어요.
　　She is putting on make-up.
　　그녀는 화장을 하고 있어요.
　　Put this on!
　　이거 입어.

Wear는 (옷, 모자, 양말 등을) **이미 입었거나** (화장품 등을) **몸에 바른 상태**를 말해요.

ex) Wear a mask.
　　마스크 써!
　　Look at the girl wearing a skirt.
　　치마 입은 여자를 봐 봐.
　　You don't have to wear makeup.
　　화장할 필요 없어.

* 참고: Take off는 '(비행기가) 이륙하다'란 뜻도 있다.

'벗다'를 영어로 말할 때 Put off와 Take off를 혼동하시기도 하죠. 하나 Put off는 '미루다, 연기하다'란 뜻이에요.

ex) I want to **put off** my schedule.
    스케줄을 연기하고 싶어.
    Don't **put off** your work.
    일을 미루지 마.

Take off는 '벗다'란 뜻이죠.

ex) **Take off** your shoes.
    신발 벗어.
    Take this **off**.
    이거 벗어.

빈칸 채우기

1. Our trip has been _____.
   저희 여행은 연기됐어요.

2. I'm _____ing my socks.
   양말 신고 있어요.

3. Don't _____ your mask.
   마스크 벗지 마.

4. I don't like to _____ a tie.
   넥타이 매는 거 좋아하지 않아.

유튜브 해설 강의

---

* 요점: Put on은 입거나 바르는 동작과 행동, Wear는 이미 입었거나 바른 상태, Put off는 '미루다/연기하다', Take off는 '벗다'

Watch, See, Look at

'보다'를 영어로 말할 때 Watch, See, Look at을 쓸 수 있는데 의미상 차이가 있어요.

Watch는 **일정 시간 동안 주의 깊게** '~을 보다'란 뜻이죠.

ex) I'm **watch**ing a movie.
영화 보고 있어.
Watch out! A car is coming.
조심해! 차 온다.
Can you **watch** my bag?
내 가방 좀 봐줄래요?

See는 **무의식적으로** 주의 없이 '~을 보다'란 뜻이에요.

ex) I **saw** a movie yesterday.
어제 영화를 봤어요.
I **saw** her parking her car.
그녀가 주차하는 걸 봤어요.
Can you **see** me?
저 보여요?

Look at은 **짧은 시간 동안** '~을 쳐다보다/바라보다'란 뜻이에요.

---

* 참고: See ~ off는 '~을 배웅하다', Look for는 '~을 찾다', Look up은 사전 자료 등에서 정보를 '찾아 보다', Look after는 '~을 돌보다'

ex) Take a **look at** this.
　　이거 한번 봐 봐.
　　Don't **look at** me like that.
　　나 그렇게 쳐다보지 마.
　　Look at the sky. It's so clear.
　　하늘 봐 봐. 정말 맑다.

빈칸 채우기

1. Can I _____ your passport?

   여권 좀 볼 수 있을까요?

2. Let me _____ your finger.

   손가락 좀 볼게요.

3. What are you _____ing?

   뭐 보고 있어?

4. Did you _____ my son?

   제 아들 보셨어요?

유튜브 해설 강의

---

* 요점: Watch는 일정 시간 동안 주의 깊게 '보다', See는 무의식적으로 주의 없이 '보다', Look at은 짧은 시간 동안 '쳐다보다/바라보다'

021 Get up, Wake up

Get up과 Wake up 비슷하게 들리긴 하는데 차이가 있어요.

Get up은 '(앉거나 누워 있다가) 일어나다'란 의미로 **잠자리(침대)에서 나와 활동을 시작하는** 걸 말해요.

ex) I usually **get up** at 7.
전 보통 7시에 일어나요.
As soon as I **get up**, I start eating something.
일어나자마자 먹기 시작해.

Wake up은 '(잠에서) 깨어나다, 정신을 차리다'란 의미로 **잠에서 깨어나는** 걸 말하죠.

ex) **Wake up**! It's time for breakfast.
일어나! 아침 먹어야지.
I have to **wake up** early tomorrow morning.
내일 아침에 일찍 일어나야 돼요.

---

* 참고: 아침에 눈 뜨자마자(깨어나자마자) 바로 일어나는 사람이 건강하다고 한다. 정신이 육체를 지배할 수 있도록 노력해 보자.

빈칸 채우기

1. _____! We're getting late.
   일어나! 우리 너무 늦었어.

2. I'd like a _____-_____ call at 5.
   5시에 모닝콜 부탁해요.

3. He's _____ from the bed.
   그는 침대에서 일어나고 있어.

4. _____ me ___ at 7, please.
   7시에 깨워 주세요.

5. I _____ at 6 am yesterday.
   어제 오전 6시에 일어났어.

유튜브 해설 강의

---

* 요점: Wake up을 먼저 하고 Get up을 하게 된다.

Get in/Get on, Get out of/Get off

교통수단에 '**올라타다**'를 영어로 할 때 Get in인지 Get on인지 헷갈릴 때가 있죠.

Get in은 올라탈 때 안으로 들어가며 **머리 먼저 타게 되는** 경우에 써요. **자동차, 택시** 등 **작은 교통수단**에 해당되고 좀 더 큰 교통수단도 머리 먼저 타게 되는 경우엔 쓸 수 있겠죠. **Hop in**을 쓰기도 하고요.

ex) **Get in** the car.
차에 타!
I was **getting in** the taxi.
택시에 타고 있었어.
Hop in!
올라 타!

자동차, 택시 등에서 '**내리다**'는 Get out of를 써요.

ex) **Get out of** the car.
차에서 내려!
What time did you **get out of** the taxi?
택시에서 몇 시에 내렸어?

Get on은 올라탈 때 **발 먼저 내딛고 서서 타게 되는** 경우에 써요.

---

* 참고: Get in은 '(밖에 있는 사람에게) 들어와'란 뜻이 있고, Get out of here는 '여기서 꺼져'란 뜻이다.

버스, 지하철, 기차, 배, 비행기 등 **대중교통 수단**에 해당되겠죠. 평소에 '타다'는 take나 ride를 사용해요.

ex) Let me **get on** the bus.
　　저 버스 탈게요.
　　Time to **get on** the train.
　　기차 탈 시간이네.

대중교통 수단에서 '**내리다**'는 **Get off**를 써요.

ex) **Get off** here.
　　(지하철 안에서) 여기서 내리세요.
　　Don't **get off** the bus before others do.
　　다른 사람들 내리기 전에 내리지 마세요.

빈칸 채우기

1. _____ at Seoul station.
   서울역에서 내려.

2. She _____ the wrong bus.
   그녀는 버스를 잘못 탔어.

3. How did you _____ the car?
   차에 어떻게 탔니?

4. I _____ the taxi at 11pm.
   밤 11시에 택시에서 내렸어.

유튜브 해설 강의

---

* 요점: 작은 교통수단은 in(안으로 들어가는), 대중 교통수단은 on(발을 딛고 서는)으로 구분하면 된다.

023 Get out, Go out

자주 쓰는 Get out과 Go out.
한데 정확한 의미 차이를 아시나요?

Get out(나가다, 벗어나다)은 **'안에서 밖으로 이동하는 (단순히) 동작의 변화'**를 요구하는 표현입니다.

ex) **Get out**!
   나가!
   Get out of here.
   여기서 꺼져.
   Get out of my sight!
   내 눈앞에서 사라져!
   He **got out** when knocking the door.
   노크를 했을 때 그가 나왔어요.

Go out(나가다, 외출하다)은 **어떠한 활동이나 행동을 하겠다**고 말할 때 사용합니다.

ex) Don't **go out** today.
   오늘 나가지 마.
   I like **go**ing **out** in the snow.
   눈 올 때 외출하는 거 좋아해.
   I'd like to **go out** with him.
   그 남자랑 데이트하고 싶어.

---

* 참고: Get은 주로 상태나 단순한 동작의 변화, Go는 어떤 활동을 나타낼 때
   ex) Get down! 엎드려!, Let's go camping. 캠핑 가자.

빈칸 채우기

1. Close the window when you _____.
   외출할 때 창문 닫아 줘.

2. I want to _____.
   나가고 싶어.

3. _____ of the car!
   차에서 내려!

4. Let's _____ for a walk.
   산책하러 가자.

5. How long have you been _____ing with her?
   그 여자랑 사귄 지 얼마나 됐어?

유튜브 해설 강의

---

* 요점: 안에서 밖으로의 단순한 이동인지 어떤 행동, 활동을 하러 나가는 건지로 구분하면 된다.

024 Listen, Hear

'듣다'를 영어로 하면 Listen과 Hear가 있는데 어떤 차이가 있을까요?

Listen은 '듣다'란 의미로 **적극적으로 어떤 소리를 들을 때** 쓰여요.

ex) **Listen to** my heart beat.
   내 심장박동 소리를 들어봐.
   I'm **listen**ing.
   듣고 있어.
   My English **listen**ing is not good.
   영어 듣기가 잘 안돼.
   Listen up!
   잘 들어.

Hear는 '듣다, 들리다'란 의미인데 **소극적으로 어떤 소리를 들을 때** 쓰여요.

ex) Can you **hear** me?
   내 말 들려?
   I can **hear** that.
   들려요.
   Have you **heard** the news?
   그 소식 들었어?
   I **heard** you got a job.
   너 취업했다며?

---

* 참고: Listening은 '청취, 경청'이란 뜻이고, Hearing은 '청력, 청각'이란 뜻이다.

빈칸 채우기

1. I haven't _____.
   못 들었어요.

2. I'm _____ing to music.
   음악 듣고 있어.

3. _____ to me.
   들어 보세요.

4. I _____ a dog's barking.
   개 짖는 소리를 들었어요.

유튜브 해설 강의

---

* 요점: Listen은 적극적으로 어떤 소리를 들을 때, Hear는 소극적으로 어떤 소리를 들을 때

Say, Talk, Speak, Tell

자주 사용하나 헷갈리는 네 단어 Speak, Say, Tell, Talk 모두 '**말하다**'란 의미가 있는데 어떤 차이가 있을까요?

Speak는 뒤에 **전치사**, **목적어**가 오거나 **단독**으로 쓰이죠.

ex) Don't **speak**.
   말하지 마!
   Can you **speak English**?
   영어 할 수 있어요?
   He **spoke to** her.
   그는 그녀에게 말했어요.

Say는 뒤에 **전치사**, **목적어**, **문장** 모두 올 수 있어요.

ex) **Say something**.
   뭐라고 말 좀 해.
   He **said to** me he didn't come.
   그는 오지 않았다고 말했어.
   Say I love you.
   사랑한다고 말해.

Tell은 뒤에 **목적어만** 올 수 있어요.

ex) Let me **tell you** something.
   할 얘기가 있어요.
   Tell me what you did yesterday.
   어제 한 일 말해 봐.

---

* 참고: You can say that again. 동감이야, 전적으로 동의해.

Talk는 뒤에 **전치사만** 올 수 있네요.

ex) I'll **talk to** you later.
　　나중에 얘기하자.
　　I want to **talk with** her.
　　그녀랑 얘기하고 싶어.
　　What are you **talk**ing **about**?
　　무슨 소리 하는 거야?

빈칸 채우기

1. I _____ you last night.

   내가 어젯밤에 말했잖아.

2. You know what I'm _____ing?

   내 말 알아들어?

3. Can I _____ Korean?

   한국어 말해도 돼요?

4. Can I _____ to John?

   존과 통화할 수 있나요?

5. Don't _____ anything.

   아무 말도 하지 마.

6. Don't _____ anyone what I said.

   내가 한 말 아무한테도 하지 마.

유튜브 해설 강의

* 요점: Speak 뒤에는 전치사나 목적어, Say 뒤에는 전치사/목적어/문장, Tell 뒤에는 목적어만, Talk 뒤에는 전치사만 올 수 있다.

026 Coming, Going

크리스마스 파티에 가고 있는데 차가 막혀서 늦어지고 있어요. 바로 친구한테서 전화가 왔죠. "Where are you?(지금 어디야?)"
그래서 대답했는데, "어, 지금 가고 있어."는 I'm coming인가요, 아니면 I'm going인가요?

정답은 **I'm coming**입니다. **I'm coming**은 **듣는 사람을 기준으로 그 사람에게 가고 있다, 갈 것이다**라고 말할 때 사용해요.

ex) Are you coming home?
    집에 오고 있니?
    I'm coming.
    네, 가고 있어요.

Are you coming to my birthday party?
내 생일파티에 올 거니?
I'm coming.
응, 갈 거야.

---

* 참고: Coming과 Going은 모닥불에 손을 녹이는 장면과 비슷하다. 우리는 불을 마주 보는데, 미국인들은 등이 불쪽을 보게 뒤돌아 불을 쬔다.

I'm going은 **내가 기준**이 되어 '~에 가고 있다 or ~에 갈 것이다'라고 말할 때 사용해요.

ex) Where are you headed?
어디가?
I'm going home.
집에 가요.

Where are you going?
어디가?
I'm going to Seoul.
서울에 가고 있어요.

빈칸 채우기

1. I'm not _____ anywhere.
   아무 데도 안 가요.

2. Are you _____ tomorrow?
   내일 올 거니?

3. Tom is not _____ to the meeting.
   톰은 회의에 안 온대요.

유튜브 해설 강의

* 요점: 듣는 사람을 기준으로 할 때는 I'm coming, 내가 기준이 될 때는 I'm going으로 쓰면 된다.

Borrow, Lend, Rent

'~을 빌리다' 할 때 Borrow, Lend, Rent가 떠오르는데 어떤 차이가 있을까요?

Borrow는 '빌리다'란 뜻으로 내가 **상대방한테서 ~을 무료로 빌릴 때** 써요. Use도 사용할 수 있고요.

ex) Can I **borrow** your pen?
　　네 펜 좀 빌릴 수 있을까?
　　Can I **borrow** your camera?
　　카메라 좀 빌릴 수 있니?
　　Can I **use** your pen?
　　네 펜 좀 써도 되니?

Lend는 '**빌려주다**'란 뜻으로 **상대방이 나한테 ~을 무료로 빌려줄 때** 씁니다.

ex) Can you **lend** me a car?
　　차 좀 빌려줄래?
　　Can you **lend** me
　　your laptop (computer)?
　　노트북 좀 빌려주실래요?
　　Can you **lend** me your book?
　　네 책 좀 나한테 빌려줄래?

---

* 참고: Lend의 과거/과거분사는 Lent. Rent는 명사일 때 '집세, 임대료'란 뜻이다.
　　ex) How much is the rent? 임대료/집세가 얼마죠?

Rent는 '**빌리다, 렌트하다, 임차하다**'란 뜻으로 **유료로 빌릴 때** 써요. '**세놓다, 임대하다**'의 뜻도 있고요.

ex) I'd like to **rent** a car.
　　차 한 대 빌리고 싶어요.
　　I'd like to **rent** a sedan.
　　승용차 한 대 빌리고 싶어요.
　　I'd like to **rent** a house.
　　집을 빌리고 싶어요.

빈칸 채우기

1. John will _____ his apartment to students.
   존은 학생들에게 그의 아파트를 세놓을 거예요.

2. We have to _____ a room for our trip.
   여행 가려면 방을 빌려야 돼.

3. I _____ed a book from the library.
   도서관에서 책을 빌렸어.

4. Can I _____ some money?
   돈 좀 빌릴 수 있을까?

5. I'll _____ you my car.
   내 차 빌려줄게.

유튜브 해설 강의

---

* 요점: Borrow는 무료로 빌릴 때, Lend는 무료로 빌려줄 때, Rent는 유료로 빌릴 때

On foot, By foot, By walk, By walking

'**걸어서**'를 영어로 하면 **On foot**은 쉽게 생각나고 **By foot, By walking**은 왠지 금방 안 나오죠. 어떤 차이가 있을까요?

On foot은 '**걸어서, 도보로**'란 뜻으로 보편적으로 쓰는 표현이죠. **By foot**도 자연스러운 표현이에요.

ex) I can go there **on foot**.
　　거기 걸어서 갈 수 있어요.
　　How long does it take **by foot**?
　　걸어서 얼마나 걸리죠?

By 다음에는 교통수단이 나오죠. By car, By bus, By subway. 그래서 By walk는 문법상 어울리지 않고 **By walking**(걸음으로써, 걸어서) 이 그나마 적절한 표현인데 회화에서는 부자연스럽게 들려요.

Walk를 <mark>**동사로 사용**</mark>해 '**걸어서**'를 말할 수 있어요.

ex) I **walk** home.
　　걸어서 집에 가요.
　　I **walk** to school.
　　걸어서 등교해요.

---

* 참고: '걸어서 갈 수 있는 거리예요'는 It's within walking distance라고 한다.

Walk를 **By 없이 명사로 사용**할 수 있어요.

ex) It's about 5 minutes' **walk**.
 걸어서 약 5분 걸려요.

빈칸 채우기

1. It's about 20 minutes' _____.

 걸어서 20분 정도 걸려요.

2. I _____ to work every morning.

 매일 아침 걸어서 출근해요.

3. It takes about 10 minutes _____.

 걸어서 10분 정도 걸려요.

4. She got here _____.

 그녀는 걸어서 여기 도착했어요.

유튜브 해설 강의

* 요점: '걸어서'는 On foot이나 Walk를 동사로 쓰고 By 없이 명사로도 써요.

빈칸 채우기 정답

1. bring 2. take 3. take 4. bring
1. put off 2. put on 3. take off 4. wear
1. see 2. look at 3. watch 4. see
1. wake up 2. wake-up 3. getting up 4. wake, up 5. got up, woke up
1. get off 2. got on 3. get in 4. got out of
1. go out 2. get out 3. get out 4. go out 5. go out
1. heard 2. listen 3. listen 4. heard
1. told 2. say 3. speak 4. talk 5. say 6. tell
1. going 2. coming 3. coming
1. rent 2. rent 3. borrow 4. borrow 5. lend
1. walk 2. walk 3. on foot, by foot 4. on foot, by foot

복습 (아래 문장을 영어로 말해 보세요. 정답은 본문 예문 확인)

1. 술집에 데려다주세요.
2. 우산 가져왔니?
3. 존은 재킷을 입고 있어요.
4. 치마 입은 여자를 봐 봐.
5. 조심해! 차 온다.
6. 저 보여요?
7. 일어나! 아침 먹어야지.
8. 차에서 내려!
9. 저 버스 탈게요.
10. 눈 올 때 외출하는 거 좋아해.
11. 내 말 들려?
12. 그녀랑 얘기하고 싶어.
13. 네, 가고 있어요.
14. 차 좀 빌려줄래?
15. 걸어서 얼마나 걸리죠?

알쏭달쏭한
시간 표현들
(29~34)

029 Nowadays, These days

'요즘'을 영어로 말할 때 Nowadays와 These days를 떠올리죠.
과거에 비교해 '요즘 ~하다' 할 때 쓰는데 둘이 무슨 차이가 있을까요?

Nowadays는 몇 년 전 '요즘'을 말하고 These days는 **몇 주, 몇 달 전 '요즘'**을 말해요. These days가 현재에 좀 더 가까운 표현이고 더 자주 사용해요. 하지만 둘 다 의미상 큰 차이는 없어요.

ex) **Nowadays**, students don't use paper dictionaries.
　　　요즘 학생들은 종이 사전을 사용하지 않아요.
　　　Every family has a car **nowadays**.
　　　요즘 모든 가정에 차가 있어요.

　　　How is John doing **these days**?
　　　존 요즘에 어떻게 지내니?
　　　The restaurant is popular **these days**.
　　　그 음식점은 요즘 핫하대.

---

* 참고: '최근에' 표현 Recently, Lately도 사용해 보자.

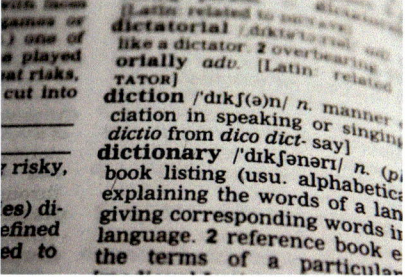

빈칸 채우기

1. They sell anything _____.

   그들은 요즘 아무거나 팔아.

2. _____, many people go camping on the weekend.

   요즘 많은 사람들이 주말에 캠핑을 가.

3. _____, we meet up quite often.

   요즘 우린 꽤 자주 만나.

4. Who watches TV _____?

   요즘 누가 텔레비전을 봐?

유튜브 해설 강의

---

* 요점: Nowadays는 몇 년 전 '요즘', These days는 몇 주/몇 달 전 '요즘'. These days를 더 자주 사용한다.

On the weekend, Over the weekend

'**주말에**'는 영어로 어떻게 말할까요?

On the weekend(주말에)
Over the weekend(주말 동안)
During the weekend(주말 동안)
At the weekend(주말에, 영국식)

다 가능해요.

ex) I'm going to cut the weeds around the grave **on the weekend**.
주말에 산소 벌초를 할 거야.
What did you do **over the weekend**?
주말 동안 뭐 했어?

You didn't call me **during the weekend**.
주말 동안 나한테 전화 안 했네.
I'm always busy **at the weekend**.
주말에 늘 바빠.

---

* 참고: '주말마다'는 Every weekend나 On/At weekends

빈칸 채우기

1. Where were you _____ the weekend?

   주말 동안 어디 있었어?

2. I stayed at home _____ the weekend.

   주말에 집에 있었어.

3. I hung out with my friend _____ the weekend.

   주말에 친구랑 놀았어.

4. Don't call me _____ the weekend.

   주말 동안 전화하지 마.

유튜브 해설 강의

---

* 요점: '주말에'는 On the weekend, Over the weekend, During the weekend, At the weekend 다 가능하다.

031 Until, By

Until과 By 둘 다 '~까지'로 해석하는데, 쓰이는 의미는 달라요.
Until은 지금부터 시작해 **특정 시점까지**(특정 시점이 되어야) **~을 하면 끝나**게 된다.

ex) I'm not sleeping out in the wood **until** I hear the weather report.
일기예보를 들을 때까지는 숲에서 자지 않을 거야. →
일기예보를 들어야만 숲에서 자게 되는 것이다.

Stay here **until** the morning comes.
아침이 올 때까지 여기 있어. → 아침이 오면 여기를 떠나도 된다는 의미.

By는 언제든 ~을 시작해 **특정 시점 전 아무 때든 끝마치면 된다.**

ex) Finish your homework **by** the end of next week.
다음 주 말까지 숙제 끝내. →
다음 주 말이 오기 전 언제든 끝내면 된다.

She asked me to call her **by** 5pm.
5시까지 전화 달라고 했어. →
5시 전까지 (아무 때나) 전화를 하면 상황이 끝난다.

---

* 참고: By는 수동태 문장에서 '~에 의해서', 위치를 말할 때 '~옆에', 교통수단 이용 시 '~로'란 뜻도 있다.

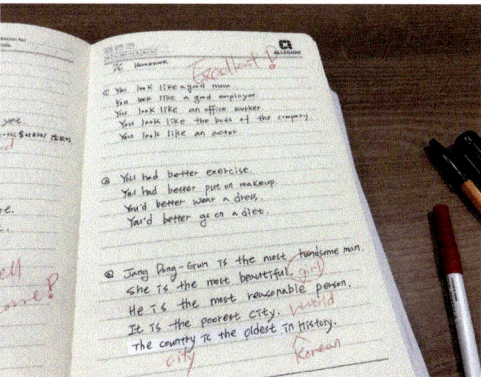

빈칸 채우기

1. Come back home _____ 9pm.
   9시까지 집에 돌아와.

2. You should visit him _____ tomorrow.
   넌 내일까지 그분을 찾아가야 돼.

3. The pictures will be displayed _____ next month.
   그 그림들은 다음 달까지 전시될 거예요.

4. Can you stay up _____ the game is over?
   경기가 끝날 때까지 깨어 있을 수 있니?

 유튜브 해설 강의

* 요점: Until은 특점 시점까지 하면 끝나고, By는 특정 시점 전 아무 때나 끝내면 된다.

032 During, For

'~동안'이라고 말할 때 During일까요, For일까요? 둘 다 가능합니다. 한데 어떤 차이가 있을까요?

During 다음에는 **명사**가 와요.

ex) We traveled Jeju island **during** the vacation.
우리는 휴가 중에 제주도를 여행했다.
I'm going to study English **during** the weekday.
주중에 영어를 공부할 거야.
He went to the bathroom six times **during** the night.
그는 밤중에 화장실에 여섯 번 갔어.
Can I go to the playground **during** the break time?
쉬는 시간에 운동장에 가도 되나요?

For 다음에는 숫자가 오고요.

ex) We traveled Jeju island **for** three days.
우리는 3일 동안 제주도를 여행했어요.
They drank **for** two hours.
그들은 2시간 동안 술을 마셨어.

---

* 참고: During과 For를 많이 헷갈려 한다. "영어 공부한 지 6개월 됐어요."를 "I've been studying English during six weeks."라고 실수한다.

While은 '~하는 동안'이란 뜻으로 While 다음에는 **동명사**나 **주어+동사**가 와요.

ex) I was reading a book **while** waiting for the bus.
버스를 기다리는 동안 책을 읽고 있었어.
It was raining **while** I was driving.
운전 중에 비가 오고 있었어.

빈칸 채우기

1. I've been living in Gimpo _____ two years.
김포 산 지 2년 됐어.

2. _____ working, I can't pick up the phone.
근무 중에는 전화를 받을 수 없어.

3. Where were you _____ the lunch time?
점심시간에 어디 있었어?

유튜브 해설 강의

---

* 요점: During 다음에는 명사, For 다음에는 숫자, While 다음에는 동명사나 주어+동사가 온다고 알면 된다.

033 On time, In time

'**정시에, 제때에**'를 영어로 말할 때 **On time**인지 **In time**인지 헷갈리시죠? **On time**은 '(만나기로 한) **정해진 시간에, 정시에 딱 맞춰, 정각에**'란 뜻이에요.

ex) Did you get there **on time**?
　　　정시에 도착했니?
　　Give me a call **on time**.
　　　정각에 딱 맞춰 전화 줘.
　　She's always **on time** for work.
　　　그녀는 항상 정각에 직장에 도착해.

In time은 '**정해진 시간보다 일찍(여유 있게), 늦지 않게, 제시간 내에**'란 뜻이죠.

ex) I will be there **in time**.
　　　늦지 않게 갈게.
　　She is always **in time** for the interview.
　　　그녀는 항상 면접 시간보다 일찍 도착해요.
　　John finished his class **in time**.
　　　쫀은 수업을 (여유 있게) 제시간에 끝마쳤어요.

---

* 참고: 약속 시간보다 일부러 늦게 도착하는 한국인들의 안 좋은 시간 관념을 Korean time이라고 한다. 혹시 당신도?

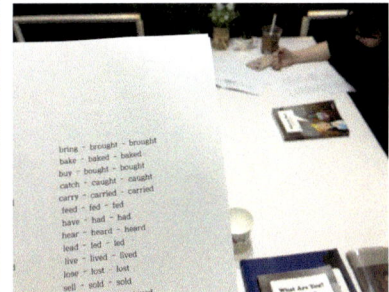

빈칸 채우기

1. Come to my place _____.
   우리 집에 늦지 않게 와.

2. He arrived _____.
   그는 시간 맞춰 도착했어.

3. Can you leave the office _____?
   제시간 내에 퇴근할 수 있니?

4. The train came right _____.
   기차가 시간 딱 맞춰서 왔어.

유튜브 해설 강의

---

* 요점: '정해진 시간에'는 On time, '정해진 시간보다 일찍'은 In time

034 Day by day, Day after day

매일 같이 지겹게 반복되는 일상, 영어로 어떻게 말할까요?

Day by day는 '**나날이, 날이 갈수록, 매일매일**'이란 뜻으로 **점차적으로 변화하는 반복**을 말해요.

ex) **Day by day**, he got weaker.
그는 나날이 약해져 갔다.
It's getting hotter **day by day**.
날씨가 나날이 더워지고 있어요.

Day after day는 **반복되는 지겨운 매일매일**을 말해요.

ex) I cook **day after day**.
날마다 요리를 해요.
John teaches English **day after day**.
존은 매일매일 영어를 가르쳐요.

---

* 참고: 미국 팝 가수 리차드 막스의 〈Right Here Waiting〉의 가사 "Oceans apart day after day(바다를 사이에 두고 헤어져 하루하루를 보내며)"가 있다.

Day to day는 '**하루하루, 그날그날 벌어 사는**'이란 뜻으로 일상의 반복을 말해요.

ex) I go to work **day to day**.
그냥저냥 출근해요.
My **day-to-day** life sucks.
하루하루 벌어먹는 삶이 끔찍해.

빈칸 채우기

1. It's hot and humid _____.
   날마다 덥고 습해.

2. My _____ job is to answer the phone.
   내가 하루하루 벌어먹는 일은 전화 받는 일이야.

3. _____, her English got better.
   그녀의 영어 실력은 나날이 좋아졌어요.

유튜브 해설 강의

---

* 요점: Day after day와 Day to day보다는 Day by day가 제일 긍정적이고 변화하는 반복이다.

빈칸 채우기 정답

1. these days 2. these days 3. these days 4. nowadays
1. over, during 2. on, at 3. on, at 4. over, during
1. by 2. by 3. until 4. until
1. for 2. while 3. during
1. in time 2. on time 3. in time 4. on time
1. day after day 2. day-to-day 3. day by day

복습 (아래 문장을 영어로 말해 보세요. 정답은 본문 예문 확인)

1. 존 요즘에 어떻게 지내니?
2. 주말 동안 뭐 했어?
3. 아침이 올 때까지 여기 있어.
4. 다음 주 말까지 숙제 끝내.
5. 주중에 영어를 공부할 거야.
6. 그들은 2시간 동안 술을 마셨어.
7. 운전 중에 비가 오고 있었어.
8. 정각에 딱 맞춰 전화 줘.
9. 늦지 않게 갈게.
10. 날씨가 나날이 더워지고 있어요.
11. 날마다 요리를 해요.
12. 그냥저냥 출근해요.

알쏭달쏭한 질문 표현들 (35~40)

What, Which

왕초보나 초급 단계 학습자분들이 가끔 헷갈려 하시는 What과 Which, 어떻게 다를까요?

What은 말하는 예시에 대한 정보가 없거나 막연할 때 써요.

ex) **What** is your name?
　　이름이 뭐예요?
　　What do you want?
　　뭘 원하니?
　　What are you eating?
　　뭐 먹어?

Which는 말하는 예시에 대한 정보를 제시하고 그중 선택을 하게 할 때 씁니다.

ex) **Which** do you prefer, summer or winter?
　　어느 걸 선호하니, 여름 아니면 겨울?
　　Which is your car, the red car or the gray car?
　　어느 게 네 차니? 빨간 차 아니면 회색 차?
　　Which one is yours, this one or that one?
　　어느 게 너의 것이니? 이것 아니면 저것?

---

* 참고: What은 문장 안에서 쓰일 때 '~한 것'이란 뜻으로 쓴다.
　ex) That's what I want. 그게 내가 원하는 거야.

빈칸 채우기

1. _____ color do you like better?

   어느 색을 더 좋아하니?

2. _____ is going on?

   무슨 일이지?

3. _____ team do you think will win?

   어느 팀이 우승할 거라고 생각해?

4. _____ do you know?

   네가 아는 게 뭐니?

유튜브 해설 강의

* 요점: What은 정보가 없거나 막연할 때 쓰고, Which는 정보를 제시하고 그중 선택을 하게 할 때 쓴다.

Have you been to, Have you gone to

'~에 가 봤니?'를 영어로 할 때 Have you been to~?와 Have you gone to~? 헷갈리시죠? 무슨 차이가 있을까요?

'~에 가 본 적 있나요?' 경험을 물을 때 현재완료형(과거부터 현재까지)으로 Have you been to~(장소)?를 쓰죠.

ex) Have you been to Russia?
　　러시아 가 봤어요?
　　Have you been to England?
　　영국 가 봤나요?
　　I've been to Singapore.
　　전 싱가포르 가 봤어요.

Have you gone to~(장소)?도 현재완료형이지만 '너는 (이미) ~로 갔니?/~로 가 버렸니?'란 의미로, 결과적으로 쓰입니다.

ex) Has she gone to Seoul?
　　그녀는 서울로 가 버렸니?
　　Have you gone to Japan?
　　넌 일본으로 가 버렸니?
　　Has John gone to Hawaii?
　　존은 하와이로 갔나요?
　　She's gone.
　　그녀는 가 버렸어요/떠났어요.

* 참고: 스틸하트의 〈She's gone(그녀는 떠났어요)〉에서 She's는 현재완료형으로 She has의 줄임말이다.

빈칸 채우기

1. I've _____ to a different place.
   전 다른 곳에 갔어요.

2. Have you _____ to America?
   미국 가 봤어요?

3. Has he _____ to China?
   그는 중국으로 떠났나요?

4. I've never _____ to Jeju island.
   제주도에 한 번도 가 본 적이 없어요.

유튜브 해설 강의

---

* 요점: 둘 다 현재완료이지만 각각 경험과 결과의 방식이라는 것도 명심해 두자.

Have you had lunch?

'점심 먹었어?'를 영어로 하면 Did you eat lunch?(점심 먹었어요?)와 Did you have lunch?(점심식사 하셨어요?) 중 어느 표현이 맞을까요?

둘 다 가능한데 Did you have lunch?가 좀 더 자연스럽긴 합니다.

그럼 Did you have lunch?와 Have you had lunch? 중엔 어느 게 자연스러울까요?

Did you have lunch?는 점심을 먹었는지 안 먹었는지 단순한 **사실 확인**의 질문이고 또한 과거시제라 언제 먹은 점심을 얘기하는지 분명치 않을 수 있어요.

---

* 참고: "식사하셨어요?"는 하나의 인사성 질문이다. 예전엔 "안녕히 주무셨어요?"였다. 다음 질문은 뭐가 될까? "요즘 바쁘시죠?"

Have you had lunch? 현재완료 시제로 점심을 먹은 **상태**냐고 물으며 배고픈지 아닌지, 배고프면 같이 먹어 줄까? 등의 뉘앙스를 풍기는 질문이죠.

빈칸 채우기

1. Did you _____ lunch?

    점심 먹었니?

2. Have you _____ lunch yet?

    벌써 점심 먹었어?

3. What about _____ing lunch together?

    점심 같이 먹는 거 어때?

4. I just _____ lunch.

    방금 점심 먹었어.

유튜브 해설 강의

---

* 요점: 점심 먹었는지 단순히 물을 때는 Did you have lunch?, 점심을 먹은 상태인지 그래서 배가 부른지 물을 때는 Have you had lunch?

How are you doing?, What are you doing?

왕초보, 초급반에서 "How are you doing?"이라고 말하면 종종 "I'm studying English. / I'm watching TV."라고 말하곤 하죠. 어떻게 대답해야 적절할까요?

How are you doing? 은 How are you?랑 같은 의미(**오늘 어때요?**)죠. 고로 답변은 Good!, Not bad, Pretty good! 등이 되겠죠.

ex) How are you doing?
   잘 지내?
   So far so good.
   지금까지는 괜찮아.

"**지금 뭐 해요?**"는 "**What are you doing?**"이고 "I'm playing golf. / I'm cooking." 등으로 대답하면 돼요.

ex) What are you doing?
   뭐 하고 있어?
   I'm driving.
   운전 중이야.

* 참고: How are you doing? 말고 How's it going?(어떻게 지내?)을 써도 된다.

빈칸 채우기

1. A: _____ are you doing?
   B: Couldn't be better.
   아주 좋아.

2. _____ are you doing?
   뭐 하고 있어?

3. _____ are you doing?
   잘 지내?

4. A: _____ are you doing?
   B: I'm waiting for my friend.
   친구 기다려.

유튜브 해설 강의

---

* 요점: How~? 질문은 '어떻게, 얼마나~?'란 뜻이고 What~? 질문은 '무엇~?'이란 뜻이다.

Why, How come

"왜?"를 영어로 할 때 **Why** 말고 **How come** 표현도 떠오르는데 어떻게 다를까요?

Why는 "**왜?**"의 의미로 ==직설적이며 공식적==으로 말할 때 쓰여요. 어순은 Why+동사+주어~?

ex) **Why** did you call me yesterday?
  어제 왜 전화했어?
  Why are you upset?
  왜 화가 났니?
  Why are you here?
  왜 여기 있어요?
  Why do you study English?
  왜 영어 공부해요?

How come은 '어쩌다, 어째서'의 의미로 "왜?"보다는 ==부드럽고 비공식적==으로 말할 때 써요. 어순은 How come+주어+동사~?

ex) **How come** you are not with John?
  어째서 존이랑 같이 있지 않아?
  How come they were together?
  그들이 어째서 같이 있던 거지?
  How come you got lost?
  어쩌다 길을 잃었어?

---

* 참고: 한국 사람들은 성격이 급해 How come보다 Why를 즐겨 쓸 것 같다. 부드러운 How come 표현도 시도해 보자.

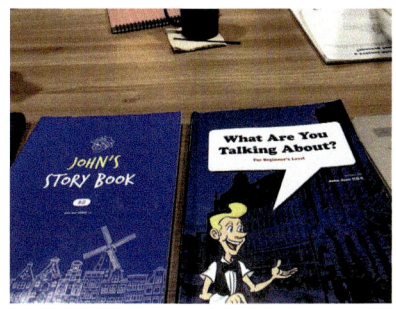

빈칸 채우기

1. _____ you were late?

   어쩌다 늦었어요?

2. _____ would I do that?

   내가 왜 그걸 하겠어?

3. _____ you didn't cook yesterday?

   어째서 어제는 요리를 안 했어?

4. I don't understand _____ she bought it.

   그녀가 왜 이걸 샀는지 이해가 안 돼.

---

* 요점: Why(왜)는 Why+동사+주어~? 어순, How come(어쩌다, 어째서)은 How come+주어+동사~? 어순

When you are, When are you

When은 의문사로 쓰일 때 '**언제**'란 뜻으로, **When+be동사+주어+(형용사)~?, When+조동사+주어+일반동사+(목적어)~?** 어순으로 이루어지죠.

ex) **When are you** happy?
    넌 언제 행복하니?
    When do you speak English?
    넌 언제 영어를 말하니?
    When was the last time
    you stayed up all night?
    마지막으로 밤을 새운 게 언제였나요?

한데 **When**이 다른 문장과 합쳐지게 되면 문장 앞이나 안으로 위치하며 '**~일 때, ~할 때**'란 뜻으로 **When+주어+동사~?** 어순으로 이루어지죠.

ex) What do you do **when you are** hungry?
    배고플 때 뭐 해요?
    Who did you meet **when you went to** Seoul?
    서울 갔을 때 누구 만났어요?
    When you are lonely, do you call your friend?
    넌 외로울 때 친구한테 전화하니?
    When I'm sad, I listen to music.
    외로울 때는 음악을 들어요.

---

* 참고: When '언제'보다 구체적인 시간을 물을 때는 What time~?으로 묻자.
  ex) What time did you go to bed? 몇 시에 잤어?

빈칸 채우기

1. What do you do when _____ tired?

   피곤할 때 뭐 해요?

2. When _____ birthday?

   생일이 언제니?

3. When _____ young, I used to drink a lot.

   젊었을 때 술을 많이 마셨어요.

4. When _____ get married?

   언제 결혼했어요?

유튜브 해설 강의

---

* 요점: When이 '언제'로 쓰일 때는 When+be/조동사+주어~?, '~일 때, ~할 때'로 쓰일 때는 When+주어+동사~? 어순

빈칸 채우기 정답

1. which 2. what 3. which 4. what
1. gone 2. been 3. gone 4. been
1. have 2. had 3. have 4. had
1. how 2. what 3. how 4. what
1. how come 2. why 3. how come 4. why
1. you are 2. is your 3. I was 4. did you

복습 (아래 문장을 영어로 말해 보세요. 정답은 본문 예문 확인)

1. 뭘 원하니?
2. 어느 걸 선호하니, 여름 아니면 겨울?
3. 전 싱가포르 가 봤어요.
4. 그녀는 서울로 가 버렸니?
5. 점심 먹었니?
6. 그들은 2시간 동안 술을 마셨어.
7. 잘 지내?
8. 뭐 하고 있어?
9. 왜 여기 있어요?
10. 어쩌다 길을 잃었어?
11. 넌 언제 행복하니?
12. 외로울 때는 음악을 들어요.

알쏭달쏭한
대답 표현들
(41~47)

There you go, Here you go

예전 상해 배낭여행 중에 한 유스호스텔에서 남성 도미토리룸에 한국인 1명, 일본인 2명, 캐나다인 1명 이렇게 투숙하고 있었어요.

며칠간 영어로 대화를 하다가 어느 날 한국인 1명이 새로 왔고 저는 반가운 마음에 "안녕하세요!" 한국어로 인사를 했죠.

그러자, 맞은편 침대에 있던 캐나다인이 **"There you go!"** 라고 말하더군요. 상황상 **"그러면 그렇지!, 내 그럴 줄 알았어, 정확하군"** 요런 어감이 아닐까 생각했고요.

칭찬을 할 때 **"좋았어, 잘했어!"** 의 뜻도 있고 **"There you go again!"** 하면 **"또 시작이군!"** 의 뜻도 되죠.

홍콩 출장 중에 맥도날드에서 버거를 주문해서 받을 때 **"Here you go!"** 라고 하더군요. 이때는 당연히 **"여기 있어요!"** 의 의미로 알아들었고요. **"Here you are!, Here it is, There you are, There you go!"** 도 가능하죠.

"Here we are!" 하면 **"우리 다 왔다!"** 의 뜻도 되고, **"Here we go!"** 하면 **"자, 갑시다!"** 의 뜻이됩니다.

---

* 참고: 테이크아웃은 영어로 To go라고 한다.
  ex) Here or to go? 매장에서 드시나요, 아니면 가져가시나요?

빈칸 채우기

1. Would you pass me the pen?

   펜 좀 건네주시겠어요?

   _____.

   여기 있어요.

2. I lost the umbrella.

   우산 잃어버렸어요.

   _____.

   그럴 줄 알았지.

3. _____.

   음식 나왔습니다.

   Thanks!

   감사합니다.

유튜브 해설 강의

---

* 요점: '여기 있어요'는 Here you are/Here it is/Here you go, '그럴 줄 알았어'는 There you go

You're welcome, No problem, Not at all, My pleasure

Thank you에 대한 답변으로 You're welcome을 가장 많이 떠올리는데 원어민들도 실제로 이렇게 쓸까요?

사실 You're welcome(천만에요)은 **상당한 수고/도움을 줬을 때** 감사 인사에 대한 답변으로 쓸 수 있어요. 간단한 도움에 쓰면 좀 어색하겠죠.

ex) Thanks to you, I was able to finish moving out.
　　너 덕분에 이사 잘 끝났어.
　　You're welcome.
　　(제가 수고했지만) 괜찮아요/천만에요.

간단한 도움에 대한 감사를 표시했을 때 '뭘요, 별거 아녜요' 등 **답변**의 뜻으로는 No problem, No worries 등을 써요.

ex) Thank you!
　　고마워요.
　　No, problem.
　　뭘요.

자발적으로 도움을 준 사람이 감사 인사를 받을 때는 '제가 도움 드려 기뻐요'란 뜻으로 My pleasure나 Pleasure is all mine을 사용해요.

---

* 참고: Thank you '감사해요' 이외에 Thanks a lot, Thank you so much, Thanks a million 표현들도 써 보자.

ex) Thanks for your time.
   시간 내주셔서 감사해요.
   My pleasure!
   제가 기쁜걸요!

'**오히려 제가 감사하죠!**' 표현으로 Thank you를 쓰기도 하죠.

ex) Thank you for coming.
   와주셔서 감사해요.
   Thank you!
   제가 감사하죠!

그 외에 Don't mention it(**별말씀을요**), Not at all(**별말씀을요, 아니에요**), Sure thing(**당연히 도와야죠**) 표현들도 쓰시면 좋아요.

빈칸 채우기

1. Thanks for your help.   _____.
   도와줘서 고마워요.   제가 기쁜걸요.

2. Thank you!   _____.
   감사합니다.   (제가 수고했지만) 천만에요.

유튜브 해설 강의

---

* 요점: You're welcome은 내가 상당한 도움을 줬을 때, No problem은 간단한 도움을 줬을 때, My pleasure는 자발적으로 도움을 줬을 때

109

Absolutely, Definitely, Exactly

'당연하지!, 물론이지!, 정확해!, 바로 그거야!' 등을 영어로 할 때 **Absolutely, Definitely, Exactly** 단어들이 떠오르는데 어떤 차이가 있을까요?

Absolutely는 **'온전히, 순전히, 완전히, 전적으로'**란 뜻으로 상대방 말에 어떤 이의도 제기할 수 없다는 것이죠.

ex) Absolutely!
    물론이죠. 그렇고말고.
    You're **absolutely** right.
    네가 전적으로 옳아.

Definitely는 **'확실히, 분명히'**란 뜻으로 Certainly랑 유사하죠.

ex) Definitely!
    물론이죠, 확실해요.
    He **definitely** agreed.
    그가 분명히 동의했어.

---

* 참고: Obviously '확실히, 분명히', Totally '완전히, 전적으로'도 알아 두자.

Exactly는 '**정확히, 맞아!, 바로 그거야**'란 뜻으로 상대방 말이 **정확히 맞다**는 걸 말해요.

ex) **Exactly!**
정확해요!
That's **exactly** what I'm talking about.
내 말이 바로 그거야.

빈칸 채우기

1. It's _____ not my mistake.

   분명히 제 잘못이 아니에요.

2. Would you figure it out _____ where she sank?

   정확히 어디 가라앉았는지 알아봐 줄래요?

3. I _____ agree.

   전적으로 동의해요.

4. Tell me _____ where you live.

   정확히 어디 사는지 말해 주세요.

유튜브 해설 강의

---

* 요점: 의미가 비슷하지만 온전히/분명히/정확히 정도로 구분하면 된다.

044 Me, too / Me, either

'**나도 그래**', '**나도 그렇지 않아**' 영어로 말할 때 Me, too와 Me, either가 생각나죠. 한데 어떤 차이가 있을까요?

Me, too는 긍정문에서 '**나도 그래**'란 의미로 사용해요.

ex) I'm hungry.
　　배고파.
　　Me, too. (So am I도 가능)
　　나도 그래.

　　I like pizza.
　　피자 좋아해.
　　Me, too. (So do I도 가능)
　　나도 좋아해.

Me, either는 부정문에서 '**나도 ~지 않아**'로 사용되는데 실제로는 Me, neither가 맞는 표현이에요. Either는 부정문의 끝에 오는 게 맞죠.

ex) I'm not cold.
　　춥지 않아.
　　I'm not cold, **either**.
　　나도 춥지 않아.
　　Me, neither! (Neither am I도 가능)
　　나도 춥지 않아.

* 참고: 과거형 So was I, So did I, Neither was I, Neither did I도 익혀 두자.

ex) I don't drink coffee.
　　나 커피 안 마셔.
　　I don't drink coffee, **either**.
　　나도 커피 안 마셔.
　　Me, neither! (Neither do I도 가능)
　　나도 커피 안 마셔.

빈칸 채우기

1. I'm not tired.

   Me, _____.

   나도 피곤하지 않아.

2. I'm a student.

   _____ am I.

   저도 학생이에요.

3. John didn't come yesterday.

   I didn't come, _____.

   저도 안 왔어요.

4. She was not there.

   _____ was I.

   나도 거기 없었어.

유튜브 해설 강의

---

* 요점: '나도 그래'는 Me, too, '나도 ~지 않아'는 ~, either나 Me, neither

See you later, See you soon, See you again

'나중에 봐'를 영어로 하면 See you later, '곧 봐'는 See you soon, '다시 봐'는 See you again이 떠오르죠. 구체적인 차이점은 뭘까요?

See you later는 '조만간/가까운 시일 내에/이따가 봐'란 뜻으로, 캐주얼하고 친근한 표현으로 See you soon보다 더 가까운 미래를 말해요.

ex) I'll **see you later** today.
　　 오늘 늦게 보자.

See you soon은 '잘 있어. (가까운 장래에/미래에) 또 만나자'란 뜻이며 캐주얼하고 친근한 표현으로 See you later보다 좀 더 먼 미래를 말해요.

ex) **See you soon**, John!
　　 존, 또 봐요!

---

* 참고: See you는 구어체로 See ya, 문어체로 C ya로 쓰기도 한다.

See you again은 '안녕히 가세요, 또 만나요'란 뜻으로 형식적이며 전문적으로 **비즈니스나 서비스 업종에서 주로 사용**되죠.

ex) It was good to **see you again**.
다시 만나서 기뻤어요.

빈칸 채우기

1. I'll see you _____.

   조만간 만나.

2. See you _____.

   이따 봐요!

3. See you _____ in Korean!

   한국에서 또 만나요!

유튜브 해설 강의

* 요점: 캐주얼하고 친근한 사이에는 See you later, See you soon, 형식적이고 비즈니스적인 분위기에서는 See you again을 쓰면 된다.

Yes, Sure, Okay, I see, Got it, All right

'**좋아, 맞아, 그래, 알겠어**' 등을 영어로 말할 때 여러 표현들이 있는데 어떻게 다른지 알아보아요.

Yes는 상대방의 말에 동의하거나 질문에 대한 긍정적 답변인데 **형식적인** 느낌이에요.

ex) Do you like driving? 운전 좋아해?
　　Yes. 응, 좋아해.

Sure도 Yes와 비슷한 뜻(**네, 그래, 그럼요**)이지만 좀 더 **캐주얼한** 느낌이에요.

ex) Would you like some coffee? 커피 좀 드실래요?
　　Yes, please. 네, 주세요.
　　Sure, thanks. 네, 고마워요.

　　Do you want to come see me? 나 보러 올래?
　　Sure. 그래.

Okay는 **상대방의 말을 알아들었다고 말할 때** 써요.

ex) See you at my place? 우리 집에서 보는 거?
　　Okay. See you there! 좋아. 거기서 봐.

---

* 참고: '좋아요, 괜찮아요, 됐어요, 그렇군요'의 표현은 Fair enough

I see는 **상대방의 설명을 듣고 (단순히) 알겠다, 그렇구나라고 말할 때** 써요.

ex) I'm from Korea.
　　한국에서 왔어.
　　I see.
　　그렇구나.

Got it은 **상대방의 추가적인 설명을 듣고 완전히 이해할 때** 써요.
Understand의 캐주얼한 표현이고요.

ex) Yes and Sure are different.
　　Yes와 Sure는 달라.
　　Got it.
　　이해했어요.

All right는 Alright와 같은 뜻(**좋아, 괜찮니?, 알겠어요**)의 표현인데 Alright는 비격식적인 표현이고 all right를 **보편적으로 사용**해요.

ex) Everything is going to be **all right**.
　　모든 건 잘될 거야.
　　Are you **all right**?
　　너 괜찮니?

---

* 요점: 긍정적인 답변인 Yes는 형식적인 느낌, Sure는 캐주얼한 느낌, I see는 단순히 '알겠다'라고 말할 때, Got it은 완전히 이해했을 때

Oh my God, Oh my gosh, Oh my goodness

'**어머나! 세상에! 저런! 맙소사!**'를 영어로 할 때 **Oh, my God**이 저절로 나오는데 **Oh, my gosh, Oh, my goodness**와 무슨 차이가 있을까요?

Oh, my God은 '**하느님, 맙소사! 오, 주여!**'란 뜻이죠. 짜증나거나 놀랄 때 우리가 가장 많이 듣고 말하고 있는 표현이죠. 한데 God이 들어가 있어 신을 함부로 언급한다는 종교적인 배려로 <mark>원어민들은 덜 사용</mark>한다고 하네요.

그 대신에 **Oh, my gosh**나 **Oh, my goodness**를 사용하죠. Gosh는 God을 부드럽게 발음한 것이고 goodness는 '선량함'을 말해요. 둘 다 '**어머나! 세상에! 저런! 맙소사!**'란 뜻이고요.

ex) **Oh, my gosh**! Are you a Korean?
　　어머나, 한국인이세요?
　　Oh, my gosh! Is it true?
　　맙소사, 그게 사실이니?
　　My goodness!
　　I thought you were dead.
　　세상에, 네가 죽은 줄 알았어.
　　Oh, my goodness!
　　Where is my daughter?
　　세상에, 내 딸이 어디 있지?

---

* 참고: Oh, my God이나 Oh, my gosh는 줄여서 OMG라고 쓴다. Lol은 '매우 크게 웃는'이란 뜻으로 Laughing Out Loud의 줄임말이다.

Jesus(세상에, 이크, 빌어먹을) Christ나 Holy crap(세상에, 이런 젠장), Goddamnit(제기랄, 빌어먹을)도 신을 언급하고 있는데 **기독교인들의 반감을 염려**해 점차 순화된 표현들이 나온 것 같아요.

놀람, **실망**, **공포** 등의 감정이 생길 때 한국인은 '엄마'를 찾는데 영어권에서는 '신, 하느님'을 찾는 게 재밌네요.

빈칸 채우기

1. _____! It was you.
   맙소사. 너였구나.

2. _____! Who did it?
   세상에, 이거 누가 했니?

3. _____! She is so pretty.
   세상에, 저 여자 너무 예쁘다.

4. _____! I can't believe it.
   세상에, 믿을 수 없어.

유튜브 해설 강의

* 요점: 원어민들은 Oh, my God보다는 Oh, my gosh나 Oh, my goodness를 더 사용해요.

빈칸 채우기 정답

1. Here you are!, Here it is, Here you go! 2. There you go!
3. Here you are!, Here it is, Here you go!

1. My pleasure! 2. You're welcome.
1. Definitely! 2. exactly 3. absolutely 4. exactly
1. neither 2. So 3. either 4. Neither
1. later, soon 2. later 3. again
1, 2, 3, 4. Oh, my gosh. Oh, my goodness

복습 (아래 문장을 영어로 말해 보세요. 정답은 본문 예문 확인)

1. 그러면 그렇지!
2. 또 시작이군!
3. 여기 있어요!
4. 뭘요.
5. (제가 수고했지만) 괜찮아요/천만에요.
6. 네가 전적으로 옳아.
7. 그가 분명히 동의했어.
8. 내 말이 바로 그거야.
9. 나도 춥지 않아.
10. 나도 커피 안 마셔.
11. 나도 그래.
12. 오늘 늦게 보자.
13. 존, 또 봐요!
14. 네, 고마워요.
15. 그렇구나.
16. 이해했어요.
17. 어머나, 한국인이세요?
18. 세상에, 내 딸이 어디 있지?

알쏭달쏭한
조동사 표현들
(48~53)

Must, Have to, Should, Need to, Be supposed to

'~해야 한다'를 영어로 말할 때 Must를 쓰면 Have to보다도 **강한 어조**예요.

ex) You **must** put that basket away.
   너, 저 바구니 꼭 치워야만 해.

Have to는 내가 하기는 싫지만 **외적인 요인에 의해 강요받아 해야 할 때** 써요. 부정문 Don't have to는 need not(~할 필요 없다)의 뜻이죠.

ex) I **have to** study English.
   영어 공부해야 해.
   You **don't have to** marry.
   넌 결혼할 필요 없어.

Should는 내 의견이 반영이 되어 '**~해야 해, ~하는 게 좋아**'라고 **충고, 권유**할 때 쓰여요.

ex) You **should** quit smoking.
   너 담배 끊어야 해.
   You **should**n't do that.
   그거 하지 마라.

---

* 참고: 도덕적 의무를 말할 때 ought to(~해야 하다)를 쓰고 '~하는 편이 낳다'는 had better를 쓴다.

Need to는 내 **자율적 판단에 의해 결심**하는 경우에 사용해요.

ex) I **need to** travel.
여행 갈 필요가 있어.
You **need to** learn English.
넌 영어 배울 필요가 있어.

Be supposed to는 **어떤 관습, 규칙, 법 등에 의해 해야 하는** 경우에 사용해요.

ex) I'm **supposed to** drive.
(관습에 따라) 운전해야 돼.
You **are** not **supposed to** be here.
(규칙, 법적으로) 너 여기 있으면 안 돼.

빈칸 채우기

1. You _____ go home.
집에 가는 게 좋아.

2. She _____ to marry.
그녀는 결혼할 필요가 있어.

유튜브 해설 강의

---

* 요점: 강요받아 할 때는 have to와 must, 충고/권유로 할 때는 should, 자율적으로 할 때는 need, 관습/규칙으로 할 때는 be supposed to

123

049 May, Might

May(가능성)와 Might(막연한 추측) 둘 다 '**~일지도 몰라**'란 뜻이나, May가 **좀 더 강한 추측**을 나타내요.

ex) It **may** rain today.
　　오늘 비가 올 수도 있어.
　　It **might** rain today.
　　오늘 비가 올지도 몰라, 확실친 않지만.
　　I **may** be late.
　　늦을 수도 있어요.
　　I **might** be late.
　　(확실하지 않지만) 늦을지도 몰라요.

May have+pp는 '**~했을 거야**', **Might have+pp**는 '(과거에) **~했을지도 몰라**'란 뜻인데 Might have+pp가 자주 쓰여요.

ex) John didn't come yesterday.
　　He **might have been** sick.
　　존 어제 안 왔네. 아팠을지도 몰라.
　　He **may have been** sick.
　　그가 아마 아팠을 거야.

May는 또 **허가** '**~해도 돼**'란 뜻으로도 쓰이죠.

---

* 참고: Might는 May의 과거형이 아니다. 하나의 독립된 조동사다.

ex) **May** I open the door?
문 열어도 될까요?

You **may** kiss the bride.
신부에게 키스해도 돼요.

빈칸 채우기

1. I _____ be wrong.

    내가 틀릴지도 몰라.

2. You _____ be right.

    네가 맞을 수도 있어.

3. They _____ have been drunk.

    그들은 취했었는지도 몰라.

4. _____ I help you?

    뭘 도와드릴까요?

유튜브 해설 강의

* 요점: May는 가능성 있는 추측으로 '~일 수도 있어', Might는 막연한 추측으로 '~일지도 몰라'

050 Can, Be able to

Can은 누구나 알고 있는 조동사인데 Be able to는 언제 사용할까요? Can과 Be able to는 Will과 Be going to 차이처럼 미세해요. 둘 다 '**~할 수 있다**'로 쓰이나 쓰이는 상황이 약간 다르죠.

Can은 **일반적, 보편적인 상황**에 쓰여요.

ex) I **can** speak English.
영어 할 수 있어.
I **can** drive.
운전할 수 있어.
I **can** cook.
요리할 수 있어.

상대방의 허락/허가를 묻는 표현에도 쓰입니다.

ex) **Can** I help you?
뭘 도와드릴까요?
Can I use your pen?
펜 좀 써도 될까요?

---

* 참고: Can의 부정 Can't는 발음이 Can과 비슷해 원어민들도 헷갈려 한다. 그래서 Can not을 써서 부정을 명확하게 나타내기도 한다.

Be able to는 **조건이 있는 상황과 앞에 조동사가 오는 경우**에 쓰여요.

ex) I **am able to** get there if it's sunny.
　　날이 맑으면 거기 갈 수 있어.
　　She **is able to** meet you after work.
　　그녀는 퇴근 후에 널 만날 수 있어.
　　Lin must **be able to** speak English well.
　　린은 영어를 잘할 수 있어야 해.
　　John will **be able to** pick you up.
　　존이 널 픽업할 수 있을 거야.

빈칸 채우기

1. John _____ help you if you don't mind.

   네가 괜찮다면 존이 널 도와줄 수 있어.

2. She _____ dance.

   그녀는 춤을 출 수 있어.

3. _____ I ask you a question?

   질문 하나 해도 돼요?

4. You should _____ speak English.

   영어를 할 수 있어야죠.

유튜브 해설 강의

---

* 요점: 일반적/보편적 상황에는 Can, 조건이 있는 상황과 앞에 조동사 오는 경우에는 Be able to

051 Will, Would

둘 다 조동사지만 Will은 좀 더 **확신**할 때(꼭 **~할 것이다**) 쓰고 Would는 **덜 확신**할 때 (만약 가능하다면) 써요.

ex) I **will** see you off.
　　내가 배웅해 줄게.
　　I **would** see you off.
　　(시간이 된다면) 내가 배웅해 줄게.
　　I'll see you later.
　　나중에 봐요.
　　I **would** see you later.
　　(만약 가능하다면) 나중에 봐요.

Would는 또한 **공손히 요청이나 제안**할 때도 쓰고 **정중히 의견을 말할 때**도 쓰여요.

ex) **Would** you like some coffee?
　　커피 좀 드실래요?
　　I **would** think that's not a good idea.
　　좋은 생각이 아닌 것 같아요.

가정법 현재에서는 Will(~할 것이다), **가정법 과거/과거완료**에서는 Would (~할 텐데, ~했었을 텐데)가 쓰입니다.

---

* 참고: Will은 명사로 '의지'란 뜻도 있다.
　ex) Where there is a will, there is a way. 뜻이 있는 곳에 길이 있다.

ex) If he comes again, I **will** call the police.
그가 다시 오면 경찰에 신고할 거야.
If I were you, I **would** quit the job.
내가 너라면 그 일을 그만두겠어.
It **would** have been a hot issue.
핫이슈였을 텐데.

과거에 했던 반복적인 **행동이나 습관**을 말할 때(**~하곤 했다**)도 써요.

ex) I **would** eat waffle here on Friday afternoon.
금요일 오후에 여기서 와플을 먹곤 했지.

빈칸 채우기

1. John _____ come tomorrow.
   (시간이 되면) 존은 올 거야.

2. If I were you, I _____ not worry.
   내가 너라면 걱정하지 않을 거야.

3. _____ you like some ice cream?
   아이스크림 좀 드실래요?

4. I _____ give you a call.
   전화할게요.

유튜브 해설 강의

* 요점: Will은 좀 더 확신할 때(~할 것이다) 쓰고, Would는 덜 확신할 때(만약 가능하다면) 쓴다.

 # Can, Could

Can은 '~할 수 있다'란 뜻만 있는 게 아니고, Could도 Can의 과거로만 쓰이는 게 아니에요.

Can은 가능, 허락, 추측의 뜻이 있어요.

ex) **Can** you swim? (가능)
　　수영할 수 있어?
　　Can I go home? (허락)
　　집에 가도 되나요?
　　Can I ask you a question? (허락)
　　질문 하나 해도 되나요?
　　It **can**'t be. (추측)
　　설마.

Could는 Can의 과거(Can보다 낮은 가능성), **공손한 요청, 허락, 추측의 뜻으로 쓰여요.**

---

*　참고: 한국계 미국인 사업자가 한 말 "He can do. She can do. Why not me?"(그도 하고 그녀도 하는데 나라고 못 해?)란 표현 명심해 보자.

ex) I **could** speak Chinese. (가능)
중국어를 말할 수 있었어.
I **could**n't sleep a wink last night. (가능)
어젯밤에 한숨도 못 잤어.
Could you do me a favor? (요청)
부탁 좀 들어주실래요?

Could I use your phone? (허락)
전화 좀 쓸 수 있을까요?
That **could** be it. (추측)
그럴 수도 있겠네.
It **could** be your last chance. (추측)
너의 마지막 기회일 수 있어.

빈칸 채우기

1. We _____ meet up.

   우린 만날 수 없었어.

2. You _____ say that again.

   네 말이 맞아.

3. _____ I sit here?

   여기 앉아도 되나요?

4. I _____ be wrong.

   내가 틀릴 수도 있어.

유튜브 해설 강의

* 요점: Could는 Can보다 낮은 가능성, Can의 과거형, 공손한 요청 등으로 쓰인다.

Used, Be used to

Used to+동사원형, Be used to+명사/동명사
어떤 차이가 있을까요?

Used to+동사원형은 과거에 '**~하곤 했다**'란 뜻으로 <mark>현재는 하고 있지 않은 것</mark>을 말해요.

ex) I **used to** live in Bucheon.
　　부천에 살곤 했어요.
　　I **used to** play the piano on Saturday.
　　토요일에 피아노를 치곤 했어요.
　　I **used to** go to work by car, but now I take the subway.
　　차로 출퇴근했었는데 지금은 지하철로 해요.

Be used to+명사/동명사는 '**~에/~하는 데 익숙하다**'란 뜻으로 Be동사 대신에 get을 쓸 수도 있어요.

ex) I **am used to** his English.
　　그의 영어에 익숙해.
　　I **am used to** living in Korea.
　　한국에 사는 게 익숙해요.
　　You should **be used to** it.
　　너 익숙하잖아.
　　I **got used to** it.
　　적응됐어.

---

* 참고: Be familiar with '~에 친숙한, 익숙한' 표현도 써 보자.
　ex) I'm not familiar with his music. 그의 음악에 익숙하지 않아요.

참고로 **Be used to+동사원형**은 '**~하는 데 사용되어지다**'란 뜻으로, 수동태이에요.

ex) It **is used to** cook.
　　이건 요리하는 데 쓰여.

빈칸 채우기

1. This is _____ erase something.
　이건 어떤 걸 지우는 데 쓰여요.

2. He _____ drink a lot.
　그는 술을 많이 마시곤 했어.

3. I will _____ on-line shopping.
　온라인 쇼핑에 적응이 될 거에요.

4. Are you _____ Korean food?
　한국 음식에 익숙해요?

유튜브 해설 강의

* 요점: Used to+동사원형은 과거에 '~하곤 했다', Be used to+명사/동명사는 '~에/~하는 데 익숙하다'

133

빈칸 채우기 정답

1. should 2. need to
1. might 2. may 3. might 4. may
1. is able to 2. can 3. can 4. be able to
1. would 2. would 3. would 4. will
1. couldn't 2. can 3. can 4. could
1. used to 2. used to 3. get used to 4. used to

복습 (아래 문장을 영어로 말해 보세요. 정답은 본문 예문 확인)

1. 영어 공부해야 해.
2. 그거 하지 마라.
3. (관습에 따라) 운전해야 돼.
4. 늦을 수도 있어요.
5. 늦을지도 몰라요.
6. 아팠을지도 몰라.
7. 문 열어도 될까요?
8. 운전할 수 있어.
9. 펜 좀 써도 될까요?
10. 날이 맑으면 거기 갈 수 있어.
11. 존이 널 픽업할 수 있을 거야.
12. (만약 가능하다면) 나중에 봐요.
13. 커피 좀 드실래요?
14. 내가 너라면 그 일을 그만두겠어.
15. 중국어를 말할 수 있었어.
16. 그럴 수도 있겠네.
17. 토요일에 피아노를 치곤 했어요.
18. 한국에 사는 게 익숙해요.
19. 적응됐어.

알쏭달쏭한
정도 표현들
(54~69)

Many, Much, A lot of, Lots of

간단하면서도 헷갈리는 문법 중 하나는 수에 관한 것인데요. 그중 '**많은**'이란 영어 표현 Many, Much, A lot of, Lots of를 비교해 보아요.

Many+셀 수 있는(수) 명사

ex) How **many** friends do you have?
　　친구가 몇 명이니?
　　I've read **many** books.
　　많은 책을 읽었어.
　　I have **many** things to do.
　　할 일이 많아.

Much+셀 수 없는(양, 시간, 돈, 추상) 명사

ex) I don't have **much** time.
　　난 시간이 많지 않아.
　　How **much** is it?
　　얼마예요?
　　She likes me very **much**.
　　그녀는 날 매우 좋아해.

A lot of/Lots of+ 셀 수 있는/없는 명사

---

* 참고: A lot이 부사로 문장 끝에 오면서 '많이, 상당히, 대단히'란 뜻으로도 쓴다.
　ex) I like it a lot. 그거 많이 좋아해요.

Many와 Much보다 좀 더 캐주얼한 표현이에요.

ex) There are **a lot of** people on the plane.
비행기에는 많은 사람들이 타고 있어.
You need **a lot of** money.
넌 많은 돈이 필요해.
Tom ate **lots of** ice cream.
톰은 아이스크림을 많이 먹었어.

빈칸 채우기

1. It's _____ colder than yesterday.
   어제보다 훨씬 추운데.

2. He's got _____ passion.
   그는 열정이 많아.

3. How _____ people are in your family?
   식구가 몇 명이에요?

4. How _____ do you drink?
   주량이 어떻게 되세요?

유튜브 해설 강의

---

* 요점: 셀 수 있는 명사 앞에는 Many, 셀 수 없는 명사 앞에는 Much, 뒤의 명사와 상관없이 캐주얼하게 말할 때는 A lot of/Lots of

Delicious, Tasty, Yummy

"**맛있다!**"라고 말할 때 Delicious 단어가 가장 쉽게 나오는데 실제 회화에서는 어떨까요?

Delicious는 사실 **형식적인 분위기**에서 쓰는 단어이고 원어민들은 자주 쓰지 않아요.

ex) It was **delicious**.
　　맛있었어요.

Tasty가 실제 **일상에서 캐주얼하게** 많이 쓰여요.

ex) It's **tasty**.
　　맛있네.
　　It's really **tasty**.
　　정말 맛있어.

---

* 참고: "It's good(맛있어), It's really good(진짜 맛있다), It's awesome(끝내주네), It's amazing(대박!), It's great(제대로네)" 등의 표현들도 자주 쓴다.

Yummy는 아이들이 주로 사용하죠.

ex) Mom, it's **yummy**.
   엄마, 맛있어요.

빈칸 채우기

1. It's so _____. Try it.
   너무 맛있어. 먹어 봐.

2. Mom! I'll have the _____-looking food.
   엄마! 나 저 맛있어 보이는 음식 먹을래.

3. Thanks for your treat. It was so _____.
   잘 먹었습니다. 너무 맛있었어요.

유튜브 해설 강의

---

* 요점: 일상에서 '맛있다'라고 쓰기에는 Tasty가 제일 무난하다.

Interested, Into

'~에 흥미 있는/관심 있는'을 영어로 할 때 Interested와 Into가 떠오르는데 무슨 차이가 있을까요?

Interested는 be interested in의 형태로 '~에 흥미/관심이 있는'이란 의미예요. **일반적으로 관심 있는 것들**에 사용합니다.

ex) I'm **interested** in cooking.
난 요리에 관심 있어.
I'm **interested** in playing the piano.
전 피아노 연주에 흥미가 있어요.
She is **interested** in English.
그녀는 영어에 흥미 있어요.

Into는 어떤 것에 관심/흥미가 있으며 **좋아하고 빠져 있는 것**에 사용해요.

ex) John is really **into** riding the Moon Boat.
존은 문보트 타는 걸 정말 좋아해.
Tom was really **into** collecting toys.
톰은 장난감 수집에 빠졌었어.
I'm getting **into** swimming recently.
난 요즘 수영에 빠져들고 있어.
I'm really **into** you.
너한테 반했어.

* 참고: '~에 푹 빠지다'는 be동사/get hooked on, indulge in(탐닉하다), have a crush on(반하다) 등의 표현들도 있다.

빈칸 채우기

1. What are you _____ lately?

   최근에 뭐에 빠져 있니?

2. Are you _____ in baseball?

   야구에 흥미 있어?

3. Is he _____ in his job?

   그는 그의 직업에 흥미가 있니?

4. Jenny is really _____ playing golf.

   제니는 골프 치는 데 푹 빠져있어.

---

* 요점: 일반적으로 관심/흥미 있는 것은 Interested, 좋아하고 빠져 있는 것은 Into

Maybe, Perhaps, Probably

'아마도'라고 말할 때 Maybe, Perhaps, Probably 세 단어가 떠오르죠. 한데 약간의 차이가 있어요.

Maybe는 주로 **구어체에서 캐주얼하게** 사용하고 '아마도, 어쩌면'이란 의미로 **50% 이하의 확신**일 때 사용해요.

ex) **Maybe** John will call you.
존이 전화할지도 몰라.
Maybe you are right.
네가 맞을지도 몰라.

Perhaps는 주로 **문어체에서 격식 있게** 사용하고 '아마도, 어쩌면'이란 의미로 **50% 이하의 확신**일 때 사용해요.

ex) **Perhaps** I told you.
아마 내가 말했을걸.
Perhaps he made a mistake.
아마도 그가 실수를 했나 봐.

Probably는 '아마도, 어쩌면'이란 의미로 **50% 이상의 (거의) 확신**이 있을 때 사용해요.

---

* 참고: 테너 플라시도 도밍고와 가수 존 덴버가 같이 부른 〈Perhaps Love(아마도 사랑은)〉이란 명곡이 있다.

ex) She will **probably** go.
　　그녀는 아마 갈 거예요.

　　Tom **probably** didn't come yesterday.
　　톰은 아마도 어제 오지 않았어.

빈칸 채우기

1. There were _____ a lot of cars.

   아마 차들이 많았을 거야.

2. I _____ called you.

   아마도 내가 전화를 했을 거야.

3. _____ it was love.

   아마도 그건 사랑이었을걸.

4. _____ Mary would like to leave.

   메리는 아마도 떠나고 싶어 할지도 몰라.

유튜브 해설 강의

---

* 요점: Maybe는 구어체에서 캐주얼하게, Perhaps는 문어체에서 격식 있게 사용하고, Probably는 50% 이상의 확신이 있을 때 사용한다.

058 Wish, Hope

'~을 바라다, ~하면 좋겠다' 등을 말할 때 Wish와 Hope이란 단어가 떠오르는데 정확히 어떤 표현을 써야 할지 헷갈리시죠?

Wish는 주로 가정법에서 Wish+p(동사 과거)나 Wish+pp(동사 과거분사)의 형태로 '~하면/했으면 좋겠는데'란 뜻으로 희망사항을 말할 때 써요. 하나 실현 불가능한 상황이고요.

ex) I **wish** I were single.
　　미혼이면 좋을 텐데.
　　I **wish** I drank some *soju*.
　　소주를 마시면 좋으련만.
　　I **wish** I could.
　　할 수 있으면 좋겠어.
　　I **wish** I had lived in a foreign country.
　　외국에 살았다면 좋을 텐데.

물론 Wish 다음에 동사 없이 쓸 수도 있고요. 가정법 상황이 아니에요.

ex) I **wish** you a Merry Christmas!
　　즐거운 크리스마스 되세요!
　　I **wish** that for you.
　　네가 그렇게 되길 바라.

* 참고: Wish는 '소망/소원', Hope은 '희망/기대'란 뜻으로도 쓰인다.
　ex) I have no hope. 나는 전혀 희망이 없어.

Hope은 **실현 가능한 바람**을 말할 때 써요. Hope 다음에는 현재, 미래형이 주로 오고 과거형도 올 수 있어요.

ex) I hope you like it.
　　네가 좋아하길 바라.
　　I hope you are happy.
　　네가 행복하길 바란다.
　　I hope you will make it.
　　네가 해내길 바라.
　　I hope you had a good weekend.
　　좋은 주말 되셨길 바라요.
　　I hope to see you soon.
　　곧 보길 바라요.

빈칸 채우기

1. I _____ I had learned English earlier.
　영어를 더 일찍 배웠다면 좋았을 텐데.

2. I _____ you had fun.
　즐거운 시간 보내셨길 바라요.

3. I _____ I were a student.
　학생이라면 좋을 텐데.

4. I _____ you'll succeed.
　당신이 성공하길 바라요.

유튜브 해설 강의

* 요점: Wish는 '~하면/했으면 좋겠는데'란 뜻으로 실현 불가능한 상황, Hope은 '~하길 바라'란 뜻으로 실현 가능한 바람

Worry about, Worried about

'~가 걱정이다'라고 말할 때 Worry about~, Worried about~ 둘 다 가능한데 어떤 차이가 있을까요?

Worry about은 **늘(항상) 걱정**할 때 써요.

ex) I **worry about** you all the time.
　　난 늘 네가 걱정이다.
　　I **worry about** my future.
　　내 미래가 (늘) 걱정이다.
　　Do you **worry about** your children?
　　아이들이 (늘) 걱정이신가요?

Worried about은 **현재 걱정되는 느낌**을 말할 때 씁니다.

ex) I'm **worried about** my exam tomorrow.
　　내일 시험이 (지금) 걱정된다.
　　I'm **worried about** my future.
　　내 미래가 (지금) 걱정이야.
　　I'm **worried about** the cold weather.
　　추운 날씨가 (지금) 걱정이네.
　　We're **worried about** the test result.
　　저희는 시험 결과가 걱정이에요.

* 참고: Thank you에 대한 답변으로 No worries '괜찮아요, 뭘요, 별말씀을요'도 알아두자.

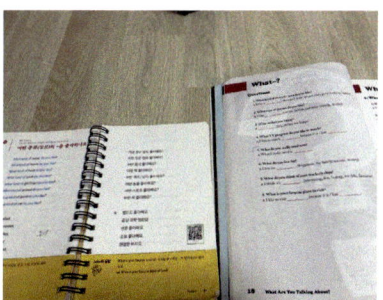

빈칸 채우기

1. Aren't you _____ me?

   나 걱정되지 않아?

2. He _____ losing his job.

   그는 실직할까 봐 늘 걱정이에요.

3. He's _____ the job interview tomorrow.

   그는 내일 면접이 걱정이에요.

4. She _____ her business.

   그녀는 항상 사업을 걱정해요.

유튜브 해설 강의

---

* 요점: Worry about은 늘(항상) 걱정할 때, Worried about은 현재 걱정되는 느낌을 말할 때

060 Curious, Wonder

'~이 궁금하다'를 영어로 말해 볼까요?

Curious는 형용사로 '**(호기심이 생겨) ~이 궁금하다/알고 싶다**'란 뜻으로, **상대방의 답변을 원하거나 확인하고 싶을 때** 써요.

ex) I'm **curious** about his business.
그의 사업에 대해 궁금해.
I'm **curious** how she succeeded.
그녀가 어떻게 성공했는지 궁금해.
I'm **curious** what happened last night.
어젯밤에 무슨 일이 있었는지 알고 싶어.

Wonder는 명사, 동사 둘 다 쓰고 동사로 쓸 때 '**~이 궁금하다, ~인지 모르겠다**'란 뜻이에요.

ex) I **wonder** why Jane called me.
제인이 왜 전화했는지 궁금하네.
I **wonder** how John got here.
존이 여기 어떻게 왔는지 궁금해.

---

* 참고: 할리우드 히어로 영화 중에 〈원더 우먼(Wonder Woman)〉이 있는데 힘이 센 여성 히어로라기보다는 궁금한 것이 아주 많은 캐릭터가 아닐까.

I am **wondering** if you have any questions.
어떤 질문이 있으실지 모르겠네요.
I was **wondering** if you'd like to travel Jeju with me.
나랑 제주도 여행하고 싶은지 궁금했어.

빈칸 채우기

1. Are you _____?

   궁금해요?

2. I'm _____ to know who you met yesterday.

   네가 어제 누구 만났는지 알고 싶네.

3. I was _____ing if she'd like to go out with me.

   그녀가 나랑 데이트하고 싶은지 어쩐지 궁금했어.

유튜브 해설 강의

---

* 요점: 둘 다 의미상의 차이는 거의 없지만 알고 싶은 의지가 있는지에 따라 구분하면 된다.

061 Fun, Funny

수업을 하다 보면 "**재미있었어요.**"를 It was funny라고 하시는 분들이 종종 있어요. 왜 어색할까요?

Fun은 명사로 '**재미, 즐거움**', 형용사로 '**재미있는**'이란 뜻이죠.

ex) Did you have **fun**?
　　재미있게 놀았니?
　　I had a lot of **fun**.
　　아주 재미있게 놀았어요.
　　It was **fun**.
　　재미있었어요.

Funny는 형용사로 '**(재미있게) 웃기는, 이상한**' 등이란 뜻이 있어요.

ex) What he said was **funny**.
　　그가 한 얘기가 웃겼어요.
　　That sounds **funny**.
　　웃긴다.
　　She looks **funny**.
　　그녀는 우스꽝스러워 보여.
　　A **funny** thing happened to me.
　　나에게 이상한 일이 벌어졌어.

* 참고: '재미있었다'는 It was interesting이라고 말해도 된다.

빈칸 채우기

1. Isn't it _____?

   웃기지 않니?

2. He's wearing _____ shoes.

   그는 우스꽝스러운 신발을 신고 있어.

3. Have _____!

   재밌게 놀아!

4. It's not much _____.

   그다지 재미있지는 않아요.

5. It looks _____.

   재미있겠다.

6. That's _____.

   웃긴다.

유튜브 해설 강의

* 요점: 앞으로는 재미있었다고 말할 때 It was fun을 사용해 보세요.

062 Empty, Vacant

'~이 비어 있는'을 영어로 하면 Empty와 Vacant가 떠오르는데 어떤 차이가 있을까요?

Empty는 어떤 공간 등이 '**텅 비어 있는**'이란 뜻으로, ==내용물이 하나도 없는== 걸 말해요. 반대는 Full(가득 차 있는)이 되겠죠. 명사, 형용사 둘 다 가능하고요.

ex) The room is **empty**.
　　방이 텅 비어 있어요.
　　(방 안에 가구, 침대 등 아무것도 없는 상태)
　　It's an **empty** bottle.
　　이거 빈 병이에요.
　　(병 안에 아무것도 없는 상태)
　　My brain is **empty**.
　　내 머리는 비어 있어.
　　(머릿속에 지식이 하나도 없는 상태)
　　He came back **empty**-handed.
　　그는 빈손으로 돌아왔어요.
　　(손에 아무것도 들지 않은 상태)

Vacant는 어떤 공간 안에 ==물건들이 있지만 사용자가 없는== 걸 말해요. '**비어 있는, 공석의**' 뜻이죠. 반대는 occupied(사용 중인)가 되겠죠.

＊　참고: 영화 〈Hollow Man(투명인간)〉의 Hollow '속이 비어 있는, 공허한'도 알아 두자.

ex) The seat is **vacant**.
　　저 자리 비어 있어요. (의자가 있는데 앉아 있는 사람이 없는 상태)
　　Do you have a **vacant** room?
　　빈방 있나요? (방에 가구, 침대 등 다 있는데 사용자가 없는 상태)
　　There is no **vacancy** in our company.
　　저희 회사에는 결원(공석)이 없어요. (회사에 일자리가 없는 상태)

빈칸 채우기

1. There is no _____ parking space.

   빈 주차 공간이 없어요.

2. My stomach is _____.

   지금 공복 상태야.

3. There is no _____ room tomorrow.

   내일은 빈방이 없어요.

유튜브 해설 강의

---

* 요점: 내용물, 공간이 아예 비어 있는지, 비어 있지 않은데 사용자가 없는 건지로 구분하면 된다.

Handsome, Good-looking

'잘생긴'을 영어로 말할 때 Handsome과 Good-looking이 떠오르죠. 한데 어떤 차이가 있을까요?

Handsome은 주로 (육체적으로 자연스럽게 매력적인) **남자가 잘생겼을 때** 써요.

ex) He is **handsome**.
 그는 잘생겼어.

Good-looking은 **남녀노소, 사물 구분 없이** (자연스럽게 매력적이며 멋지게 보이는) '**보기 좋은, 잘생긴**'이란 뜻으로 쓰죠.

ex) I bought a **good-looking** bag.
 멋진 가방을 하나 샀어.
 Jenny is **good-looking**.
 제니는 예뻐.
 He is a **good-looking** boy.
 그는 잘생긴 소년이에요.

* 참고: 여성 외모를 얘기할 때는 Beautiful, Pretty, Gorgeous 단어들을 쓰면 된다.

Cute는 '**젊고 어려 보이는**', **Hot**은 '**성적으로 매력적인**'이란 뜻입니다.

ex) The baby is so **cute**.
　　아기가 너무 귀여워.
　　John is really **hot**.
　　존은 정말 섹시해.

빈칸 채우기

1. She is the _____est girl.
   그녀는 가장 섹시해.

2. The cat is so _____.
   고양이가 너무 귀여워.

3. He is a _____ and intelligent professor.
   그는 잘생기고 지적인 교수야.

4. Take a look at this _____ car.
   이 멋진 차 좀 봐 봐.

유튜브 해설 강의

---

* 요점: 잘생긴 게 남자만이지, 일반적인 건지로 구분하면 된다.

Possible, Available

'~이 가능한' 영어 표현으로 Possible과 Available이 떠오르는데 어떤 차이가 있을까요?

Possible은 '**가능한, 있을 수 있는**'이란 뜻으로 ==사물이 주어==로 와요.

ex) It's **possible** to speak English fluently.
영어를 유창하게 말하는 건 가능해.
Give me a call as soon as **possible**.
가능한 한 빨리 전화 주세요.
Is it **possible**?
그게 가능하나요?

Available은 '**이용할 수 있는, 시간이 있는**'이란 뜻으로 ==사람, 사물 다 주어==로 옵니다.

ex) I'm not **available**.
나 시간이 안 돼.
Are you **available** for lunch tomorrow?
내일 점심시간 돼요?
The room is not **available** today.
그 방은 오늘 이용이 어려워요.

---

* 참고: Impossible is nothing이란 광고 문구가 있는데 정확한 표현은 Nothing is impossible(불가능한 건 없다)이다.

빈칸 채우기

1. The brunch menu is _____ in the cafe.

   그 카페에서는 브런치 메뉴 주문할 수 있어.

2. I'm _____ after 10pm.

   10시 이후에는 시간 괜찮아요.

3. Come back home as early as _____.

   가능한 한 일찍 집에 돌아와.

4. Do you have any _____ solution?

   어떤 가능한 해결책이 있나요?

유튜브 해설 강의

---

* 요점: 어떤 행동/행위의 실행 능력이 되는지(가능한지)를 말할 때는 Possible, 시간/공간 등을 이용 가능한지 말할 때는 Available

065 Almost, Most

수강생분들 중에는 Almost와 Most를 혼동해서 쓰시는 분들이 있어요. 예를 들면 아래와 같이 자주 쓰시더라고요.

ex) **Almost** employees live in Paju. (×)
　　대부분의 직원들은 파주에 살아요.

그럼 위 문장이 왜 어색한지 같이 알아보아요.

Almost는 '거의(= nearly)'란 뜻으로 **완벽에 가깝다**는 의미로 써요. **Almost 다음에는 명사가 오지 못하고** 아래와 같이 사용해요.

Almost+all/every/any, Almost+형용사/부사

ex) I'm **almost** there.
　　거의 다 왔어요.
　　She drinks coffee **almost** every day.
　　그녀는 거의 매일 커피를 마셔요.
　　I've **almost** finished my homework.
　　숙제를 거의 다 끝마쳤어요.

Most는 '대부분(의), 가장 (많이)'란 뜻으로 **뒤에 명사가 바로 올 수 있어요.**

Most+명사, Most of~+명사, (the) Most: 최상급

---

* 참고: Mostly는 '주로, 대체로'란 뜻으로 뒤에 All이 올 수 있다.

ex) ex) **Most** employees live in Paju.
　대부분의 직원들은 파주에 살아요.
　Most of them don't drive.
　그들 중 대부분은 운전하지 않아요.
　We like pizza (the) **most**.
　우린 피자를 제일 좋아해요.
　Jejudo is the **most** beautiful island in Korea.
　제주도는 한국에서 가장 아름다운 섬이에요.

빈칸 채우기

1. _____ housewives don't want to cook.

　대부분의 주부들은 요리하고 싶어 하지 않아요.

2. She's _____ 60.

　그녀는 거의 60살이에요.

3. _____ all students didn't come to school.

　거의 모든 학생들이 학교에 오지 않았어요.

유튜브 해설 강의

* 요점: Almost all/every는 '거의 모든(대부분의)', Most는 '대부분의' 뜻이라는 것 명심해 두자.

066 Very, So, Too

'**매우, 아주**'를 영어로 말할 때 Very, So, Too가 떠오르죠. 어떻게 다른지 구분해 보아요.

Very는 '**매우, 아주**'란 뜻으로 **객관적으로** 단순히 말할 때 써요.

ex) It's **very** cold today.
　　오늘 매우 추워. (누구나 춥다고 느낄 정도)
　　This is **very** important.
　　이건 매우 중요해요. (누구나 중요하다고 인식)
　　John speaks English **very** well.
　　존은 영어를 매우 잘 말해요. (누구나 존의 영어 실력을 인정)

So는 '**정말, 너무**'란 뜻입니다. Very보다 강한 어조로, **긍정의 어투로 감정을 담아** 말할 때 씁니다.

ex) His dad is **so** nice.
　　그 친구 아빠는 정말 좋으셔.
　　I'm **so** lonely.
　　난 너무 외로워. (그래도 참을 수 있어)
　　Jenny is **so** happy.
　　제니는 정말 행복해.

＊ 참고: Pretty(아주, 매우), Really(아주, 정말), Quite(꽤, 아주, 정말)도 알아 두자.

Too는 '너무, 심하게'란 뜻으로, **부정적인 어투**로 말할 때 쓰죠.

ex) I'm **too** tired.
　　너무 피곤해.
　　(너무 피곤해서 쉬고 싶다는 어감)
　　It's **too** late to go.
　　너무 늦어서 갈 수 없어.
　　Don't drink **too** much.
　　너무 많이 마시지 마.
　　(많이 마시는 건 좋지 않다는 어감)

빈칸 채우기

1. This is _____ expensive.

   이건 너무 비싸.

2. He is _____ cool.

   그 남자 너무 멋지다.

3. It's _____ fun.

   너무 재미있다.

4. She is _____ pretty.

   그녀는 정말 예뻐.

---

* 요점: Very는 객관적으로 '매우', So는 긍정적인 감정으로 '정말', Too는 부정적인 어투로 '너무'

067 Angry, Upset, Furious

'화난'을 영어로 하면 Angry가 쉽게 떠오르는데 다른 표현들도 같이 알아보아요.

Angry는 '**화가 난, 성난**'이란 뜻으로 **화를 겉으로 나타내는**(소리 지르거나 뭔가를 던지는 등) 상태에 사용해요.

ex) I got **angry** with him.
 그에게 화가 났어.
 Don't get **angry**.
 화내지 마.
 I don't know what he's **angry** about.
 그가 뭐 때문에 화가 났는지 모르겠어.

Upset은 '**속상한, 마음이 상한**'이란 뜻으로, **내적으로 불편하고 기분 나쁜 감정**을 나타낼 때 써요.

ex) You eat when you're **upset**.
 넌 속상할 때 먹어.
 Don't get **upset** about the result.
 결과에 실망하지 마.
 She was **upset** because her husband forgot her birthday.
 남편이 그녀 생일을 까먹어서 화가 났어.

---

* 참고: Irritated '짜증이 나는'과 Annoyed '짜증이 나는, 약이 오른'도 알아 두자.

Furious는 '몹시 화난, 격노한'이란 뜻으로, **Angry보다 더 심하게 화가 난 상태**를 말해요.

ex) He was **furious** with my boss.
그는 우리 사장님한테 몹시 화가 났어.
I'm **furious** at the shopping mall.
그 쇼핑몰에 너무 화가 나.

빈칸 채우기

1. She looks _____.

   그녀는 화나 보여.

2. I think my mom was _____.

   우리 엄마는 몹시 화가 났던 것 같아.

3. Why are you _____?

   왜 속상해?

유튜브 해설 강의

---

* 요점: Angry는 겉으로 '화난', Upset은 속으로 '속상한', Furious는 '몹시 화난'으로 구분하면 된다.

068 Sick, Hurt

'다리가 **아파**', '팔이 **아파**'를 영어로 말할 때 My leg is sick, My arm is sick 라고 실수하곤 하죠. 왜 어색할까요?

Sick는 보통 **주어로 사람**이 와요. 사람의 **아픈** 상태나 지긋지긋한 정도를 말하죠.

ex) I'm **sick**.
나 아파.
I feel **sick**.
토할 것 같아.
I'm **sick** and tired of cooking.
요리가 진절머리 나.

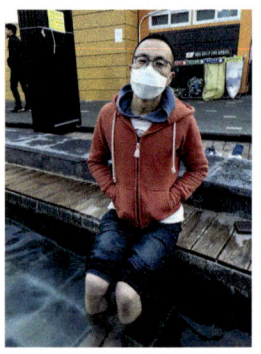

Hurt는 '**다치다, 통증이 있다**'란 뜻으로, **아픈 부위**를 얘기할 때 써요.

ex) I **hurt** my finger.
손가락을 다쳤어.
My leg **hurt**s.
다리가 아파.
My arm **hurt**s.
팔이 아파요.
It **hurt**s.
아파요.

* 참고: 병원에서 의사 선생님의 "어디가 아프세요?"는 "What seems to be the problem?", 영국에서는 '아픈, 병든'이란 뜻으로 ill을 쓴다.

Painful은 '아픈, 고통스러운'이란 뜻으로 **아픈 부위**를 얘기할 때 쓸 수 있고 '(마음이) 괴로운'이란 뜻도 있어요.

ex) My neck is painful.
　　목이 아파.
　　It's so painful.
　　너무 아파.

Ache은 '통증, 아프다'란 뜻으로 **아픈 부위**를 얘기할 때 쓸 수 있고 **통증**명을 말할 때 써요.

ex) My ankle aches.
　　발목이 아파.
　　I have a headache.
　　두통이 있어.

빈칸 채우기

1. My back is _____.
　 허리가 아파.

2. My foot _____.
　 발이 아파.

3. Are you _____?
　 너 아프니?

유튜브 해설 강의

* 요점: 몸의 한 부위가 아프기(Hurt, Ache, Painful) 때문에 내가 아픈 거다(Sick).

Plump, Chubby, Heavy, Overweight, Fat, Obese

'**뚱뚱한**'을 영어로 하면 **Fat**이 가장 먼저 떠오르죠. 그 밖의 다른 표현들도 알아보아요.

Plump와 **Chubby**는 '**통통한, 포동포동한, 토실토실한**'이란 뜻으로 **여성이나 아기, 유아 등을 좋게 묘사할 때** 써요.

ex) I don't like my **plump** arm.
　　포동포동한 팔이 싫어.
　　Who is the **chubby** girl?
　　저 통통한 여자는 누구야?

Heavy는 '**무거운, 육중한**', **Overweight**는 '**과체중의, 비만의**'란 뜻으로, **객관적으로 신체를 묘사할 때** 씁니다.

ex) I'm too **heavy**.
　　난 너무 무거워.
　　He was **overweight** last year.
　　그는 작년에 과체중이었어.

* 참고: 술배는 자주 먹은 술에 따라 Beer belly, Soju belly 등으로 말한다.

Fat은 '뚱뚱한, 살찐', **Obese**는 '비만인, 심하게 뚱뚱해 건강에 위험한'이란 뜻으로, **비관적으로 신체를 묘사하는** 거죠.

ex) I'm getting **fat**.
점점 살이 찌네.
I worry about my daughter becoming **obese**.
딸이 비만이 될까 봐 걱정이야.

빈칸 채우기

1. Take a look at the _____ belly.
   뚱뚱한 배 좀 봐 봐.

2. Isn't it _____?
   무겁지 않니?

3. Many of western people are _____.
   많은 서양인들은 비만이에요.

4. Who's going to eat this _____ chicken?
   이 포동포동한 치킨은 누가 먹을래?

5. Jenny is getting _____.
   제니는 점점 통통해져.

6. I used to be _____.
   난 과체중이곤 했어.

유튜브 해설 강의

* 요점: 앞으로 Fat 이외에 다른 표현들도 상황에 맞게 사용해 보자.

빈칸 채우기 정답

1. much 2. a lot of 3. many 4. much
1. tasty 2. delicious 3. tasty, good
1. into 2. interested 3. interested 4. into
1. maybe, perhaps 2. probably 3, 4. maybe, perhaps
1. wish 2. hope 3. wish 4. hope
1. worried about 2. worries about 3. worried about 4. worries about
1. curious 2. curious 3. wonder
1. funny 2. funny 3. fun 4. fun 5. fun 6. funny
1. empty, vacant 2. empty 3. vacant
1. hott 2. cute 3. handsome, good-looking 4. good-looking
1. available 2. available 3. possible 4. possible
1. most 2. almost 3. almost
1. too 2. so 3. very, so 4. so
1. angry 2. furious 3. upset
1. painful 2. hurts, aches 3. sick
1. fat 2. heavy 3. obese 4, 5. plump, chubby 6. overweight

복습 (아래 문장을 영어로 말해 보세요. 정답은 본문 예문 확인)

1. 넌 많은 돈이 필요해.
2. 난 요즘 수영에 빠져들고 있어.
3. 아마 내가 말했을걸.
4. 할 수 있으면 좋겠어.
5. 내 미래가 (늘) 걱정이다.
6. 이거 빈 병이에요.
7. 나 시간이 안 돼.
8. 대부분의 직원들은 파주에 살아요.
9. 넌 속상할 때 먹어.

알쏭달쏭한
동사/동사구 표현들
(70~77)

Marry, Marry with, Get married to

'~와 결혼하다'를 영어로 하면 Marry with가 쉽게 나오죠. 한데 실제로도 이 표현을 쓸까요?

Marry는 **결혼 대상이 바로 뒤에** 나와요.

ex) Will you **marry** me?
　　나랑 결혼해 줄래?
　　I'm going to **marry** her.
　　그녀랑 결혼할 거야.

Married는 **결혼한(기혼) 상태**를 말해요.

ex) Are you **married**?
　　결혼했어요?

Marry with는 결혼 대상이 아니라 합동결혼 등으로 **같은 식장, 같은 시간에 결혼한 다른 사람**을 말해요(틀린 표현이 아니에요).

ex) I **married with** Jane.
　　나 제인이랑 같은 식장에서 같은 시간에 결혼식 올렸어.

---

* 참고: Tie the knot(매듭을 묶다)도 '결혼하다'란 의미로 쓴다.

Get married to도 '~와 결혼하다/결혼한 상태가 되다'란 의미로 **결혼 대상이 바로 나옵니다.**

ex) I **got married to** Lisa.
리사와 결혼했어요.

그냥 결혼했다고 할 때는 to 없이 Get married를 쓰죠.

ex) I **got married** last year.
작년에 결혼했어.
When did you **get married**?
언제 결혼했어요?

빈칸 채우기

1. I'm _____.

   저 기혼이에요.

2. John _____ to Jenny.

   존은 제니와 결혼했어.

3. When will you _____?

   언제 결혼할 거야?

4. Did you _____ this year?

   올해 결혼했어요?

유튜브 해설 강의

---

* 요점: Married는 '기혼의', Marry/Get married는 '결혼하다', Marry/Get married to는 '~와 결혼하다'

Would like to, Would love to

'~하고 싶어'를 영어로 말할 때 Would like to와 Would love to를 쓸 수 있는데 어떤 차이가 있을까요?

"제주도에서 운전하고 싶어."를 영어로 말해 볼까요.

ex) I **want to** drive on Jeju island.
　　제주도에서 운전하고 싶어.
　　I **would like to** drive on Jeju island.
　　(공손하게) 저는 제주도에서 운전하고 싶어요.
　　I **would love to** drive on Jeju island.
　　(물론) 나 역시 제주도에서 운전하고 싶어요.

Would like to는 '~하고 싶어요'란 뜻으로 일상에서 Want to보다 많이 쓰고 줄여서 'd like to로 말하죠.

ex) **I'd like to** eat something.
　　뭐 좀 먹고 싶어요.
　　She **would like to** talk with you.
　　그녀는 당신과 얘기하고 싶어 해요.
　　Who **would like to** try first?
　　누가 먼저 해 보고 싶으세요?

---

* 참고: Would you like some~?은 "~좀 드실래요?"
　ex) Would you like some coffee? 커피 좀 드실래요?

Would love to는 상대방의 말에 동의하면서 **'(물론, 나 역시) ~하고 싶어요'** 라고 말할 때 쓰여요. 줄여서 'd love to나 love to로 말하죠.

ex) Shall we travel Jeju?
　　제주도 여행 갈까요?
　　I'd love to.
　　네, 가고 싶어요.
　　I'd love to swim.
　　너무 수영하고 싶어요.

빈칸 채우기

1. I _____ do that.
   그거 너무 하고 싶어요.

2. _____ you _____ eat that?
   저거 드시고 싶으세요?

3. I _____ go to Brazil.
   브라질에 너무 가고 싶어요.

4. I _____ you ___ enjoy it.
   즐기셨으면 좋겠어요.

유튜브 해설 강의

---

* 요점: Would like to는 '~하고 싶어요', Would love to는 '(너무, 물론, 나 역시) ~하고 싶어요'

072 Think about, Think of

'~에 대해 어떻게 생각해?'를 영어로 말할 때 What do you **think about**~? 인가요, What do you **think of**~?인가요?

Think about은 '~에 대해 깊게 생각하다, 심사숙고하다'란 뜻이에요. 물론 '~에 대해 생각하다'란 의미도 있고요.

ex) I'll **think about** it.
　　생각 좀 해 볼게요.
　　I **thought about** what the problem was.
　　무엇이 문제였는지 생각해 봤어.

　　She **thinks about** me all the time.
　　그녀는 늘 내 생각해.
　　What do you **think about** John?
　　존 어떻게 생각해?

Think of는 '~을 떠올리다, ~을 생각해 내다, ~생각이 들다'란 뜻과, '~에 대해 생각하다'로 해석할 수 있어요.

ex) I can't **think of** any.
　　아무 생각도 나지 않아.
　　I can't **think of** her name.
　　그 여자 이름이 생각나지 않아.

---

* 참고: What are you thinking?과 What's on your mind?는 같은 의미다.

What do you **think of** the plan?
그 계획에 대해 어떻게 생각해?

Did you **think of** any new idea?
새로운 아이디어 떠올랐어?

빈칸 채우기

1. I _____ staying at your place.

    너희 집에서 잘까 생각했어.

2. I was _____ our school years.

    우리 학창시절에 대해 생각 중이었어.

3. What do you _____ my shoes?

    내 신발 어떻게 생각해?

4. _____ your family.

    가족 생각을 해 봐.

유튜브 해설 강의

* 요점: Think about은 '~에 대해 깊게 생각하다', Think of는 '~을 생각해 내다'

073 Be careful, Watch out

'조심해!'를 영어로 할 때 Be careful과 Watch out이 떠오르는데 어떤 차이가 있을까요?

Be careful은 상대방의 행동으로 생길 수 있는 위험을 미리 주의시키며 지금 당장보다는 **앞으로 벌어질 수도 있는 일에 조심하라**는 표현이죠.

ex) **Be careful** when you drive.
  운전할 때 조심해.
  Be careful when you cross the road.
  길 건널 때 조심해.
  Be careful not to catch a cold.
  감기 조심하세요.

Watch out은 상대방 이외의 것들에 의한 **즉각적인, 갑작스러운 위험을 조심하라**는 표현이에요.

ex) **Watch out** for the car!
  차 조심해!
  Watch out! Somebody is coming.
  조심해! 누군가 오고 있어.

---

* 참고: Mind the gap(틈을 조심하세요), Watch your language!(말 조심해!) 표현도 알아 두자.

빈칸 채우기

1. _____! John shouted.

   조심해! 존이 외쳤다.

2. _____ with the knife.

   칼에 다치지 않게 조심해.

3. _____ not to break the vase.

   꽃병 깨지지 않게 조심해.

4. _____! It's a snake.

   조심해! 뱀이야.

---

* 요점: Watch out은 즉각적인/갑작스러운 위험을 조심하라는 표현이고, Be careful 은 앞으로 벌어질 수도 있는 일에 조심하라는 표현

074 Fall, Drop

'~이 떨어지다'를 영어로 할 때 **Fall**과 **Drop**을 쓸 수 있는데 어떤 차이가 있을까요?

Fall은 '~이 떨어지다/넘어지다'란 뜻으로 **(우연히나) 자연적으로 떨어지는** 걸 말해요.

ex) Raindrops are **fall**ing on my head.
　　빗방울이 머리에 떨어지고 있어요.
　　It **fell** from the tree.
　　나무에서 떨어졌어요.
　　Be careful not to **fall** down.
　　넘어지지 않게 조심해.
　　Jenny couldn't **fall** asleep.
　　제니는 잠들지 못했어요.
　　I want to **fall** in love.
　　연애하고 싶어.

Drop은 **의도적이거나 인위적인 실수로** 떨어지는 상황으로, '~이 떨어지다, ~을 떨어뜨리다'란 뜻으로 쓰여요.

---

* 참고: Fall은 명사일 때 '가을'이란 뜻도 있다. Drop은, Waterdrop은 '물방울', Raindrop은 '빗방울'이란 뜻이다.

ex) Did you **drop** it?
　　네가 떨어뜨렸니?
　　Drop the weapons.
　　무기 내려놔.
　　The ball **drop**ped from the rooftop.
　　공이 옥상에서 떨어졌어.
　　Drop me off in the park.
　　공원에 내려주세요.

빈칸 채우기

1. She _____ the book.

　　그녀가 책을 떨어뜨렸어.

2. Snow is _____ing from the sky.

　　하늘에서 눈이 내리고 있어요.

3. I _____ off a ladder.

　　사다리에서 떨어졌어요.

4. Can I _____ by your place?

　　너희 집 들러도 되니?

유튜브 해설 강의

* 요점: 인위적인지 아닌지로 구분하면 된다. 그 밖의 다른 표현들도 익혀 두자.

075 Arrive, Reach, Get

'~에 도착하다'를 영어로 할 때 Arrive, Reach, Get 단어들이 떠오르는데 어떤 차이가 있을까요?

Arrive는 공식적으로 '~에 도착하다'라는 의미로 **대중교통**(버스, 지하철, 기차, 배, 비행기) **이용 시** 자주 들을 수 있죠. 뒤에는 전치사 **at(특정한 장소)**, **in(도시, 나라)**, **on(시간)** 등이 오고요.

ex) The train will soon be **arriv**ing.
   기차가 곧 도착합니다.
   They will **arrive** at the hotel at 3pm.
   그들은 오후 3시에 호텔에 도착할 거예요.
   I will **arrive** on time.
   시간 맞춰 도착할게요.

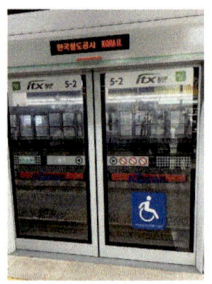

Reach는 **장시간 동안 힘을 들여** '~에 도착하다/도달하다/다다르다'란 뜻으로 쓰입니다.

ex) Don't give up until you **reach** the goal.
   목표에 도달할 때까지 포기하지 마.
   It takes 3 hours to **reach** the top of the mountain.
   산 정상에 도착하는 데 3시간 걸려요.
   Can you **reach** the bottom?
   바닥에 닿을 수 있어요?

---

* 참고: Arrive를 발음할 때 Alive와 혼동하시는 분들이 종종 있다. R과 L 발음을 잘 구분해서 말해 보자.

Get은 보통 **to**가 붙어서 '~에 도착하다'란 의미로 캐주얼하게 쓰여요. to 대신에 **there**나 **here** 등도 붙고요.

ex) When did you **get** to New York?
　　뉴욕에 언제 도착했어?
　　Tell me what time you'll **get** to the restaurant.
　　음식점에 몇 시에 도착할지 말해 줘.

빈칸 채우기

1. They finally _____ Busan after six hours driving.
　여섯 시간 운전 후에 그들은 마침내 부산에 도착했다.

2. How long does it take to _____ there?
　거기 도착하는 데 얼마나 걸려요?

3. What time did they _____?
　그들이 몇 시에 도착했지?

유튜브 해설 강의

* 요점: 각 상황에 맞게 Arrive, Reach, Get을 적절히 사용해 보자.

076 Keep, Continue

Keep과 **Continue**는 둘 다 '**~을 계속하다**'란 뜻인데 어떤 차이가 있을까요?

Keep은 '~한 상태를 유지하다', '**~을 (멈춤 없이) 계속하다**'란 의미예요. 중간에 쉬지 않고 하던 것을 계속하는 것이죠.

ex) **Keep** trying.
계속 시도해.
Keep going.
계속해.
Keep talking.
계속 얘기해.
Keep it a secret.
비밀 지켜!
Keep in touch!
연락해.

Continue는 '**하던 것을 잠깐 멈췄다가 계속하다**'란 뜻이에요.

ex) He listened to me and then **continue**d speaking in English.
그는 내 말을 듣고 나서 다시 영어로 계속 말을 했다.
I'd like to **continue** creating.
계속 창작하고 싶어요.

---

* 참고: Keep your shirt on. '진정해', Keep that in mind. '명심해' 표현들도 알아 두자.

I'll **continue** to watch TV.
TV 계속 볼게요.

Will you **continue** your journey?
여정을 계속할 거니?

빈칸 채우기

1. The rain will _____ until next week.

   다음 주까지 비가 (잠시 멈췄다가) 계속 내릴 거야.

2. _____ moving!

   계속 움직여.

3. I'll _____ the promise.

   약속 지킬게.

4. After a coffee break, we _____ed talking.

   커피 마신 후에 얘기를 계속했어.

유튜브 해설 강의

---

* 요점: Keep은 멈추지 않고 계속하는 것, Continue는 멈췄다가 계속하는 것

077 Describe, Explain

'설명하다, 묘사하다'를 영어로 할 때 Describe와 Explain이 떠오르는데 어떤 차이가 있을까요?

Describe는 사물, 사람, 사진, 이미지 등을 **보이는 대로 자세히 설명**하는 거예요. '**묘사하다, 서술하다, 설명하다**'란 뜻이고요.

ex) They **describe** me as a coward.
그들은 나를 겁쟁이로 묘사해.
Let me **describe** the picture.
사진을 설명해 줄게요.
Could you **describe** how he looks?
그가 어떻게 생겼는지 말해 주실래요?

Explain은 아이디어, 이유, 방향, 사고 등을 **분명하고 알기 쉽게 설명**해 주는 거예요. '**설명하다, 해명하다**'란 뜻이죠.

ex) Let me **explain**.
제가 설명해 드릴게요.
Can you **explain** to me how to use this?
이거 어떻게 사용하는지 알려 주실래요?
Could you **explain** why you are late?
왜 늦었는지 해명해 줄래요?
It's hard to **explain**.
설명하기 어려워요.

---

* 참고: 눈에 보이는 걸 설명하는 것과 추상적인 것을 설명하는 건 확실히 다르다.

빈칸 채우기

1. Tom will _____ where the hotel is.

   호텔이 어디 있는지 톰이 알려 드릴 거예요.

2. Please _____ it.

   설명해 주세요.

3. Could you _____ the robber?

   그 강도에 대해 말해 주시겠어요?

유튜브 해설 강의

---

* 요점: 보이는 대로 자세히 설명하는 건지 이해하기 쉽게 분명히 설명하는 건지로 구분하면 된다.

빈칸 채우기 정답

1. married 2. got married 3. marry, get married 4. get married
1. 'd love to 2. Would, like to 3. 'd love to 4. 'd like, to
1. thought about 2. thinking of 3. think about/of 4. Think about
1. watch out 2, 3. be careful 4. watch out
1. dropped 2. fall 3. fell 4. drop
1. reach 2. get 3. arrive
1. continue 2. keep 3. keep 4. continue
1. explain 2. explain, describe 3. describe

복습 (아래 문장을 영어로 말해 보세요. 정답은 본문 예문 확인)

1. 나랑 결혼해 줄래?
2. 리사와 결혼했어요.
3. 뭐 좀 먹고 싶어요.
4. 너무 수영하고 싶어요.
5. 생각 좀 해 볼게요.
6. 존 어떻게 생각해?
7. 새로운 아이디어 떠올랐어?
8. 감기 조심하세요.
9. 조심해! 누군가 오고 있어.
10. 나무에서 떨어졌어요.
11. 무기 내려놔.
12. 기차가 곧 도착합니다.
13. 뉴욕에 언제 도착했어?
14. 계속해.
15. TV 계속 볼게요.
16. 사진을 설명해 줄게요.
17. 왜 늦었는지 해명해 줄래요?

알쏭달쏭한
명사 표현들
(78~90)

Medicine, Medication, Drug

'약'을 영어로 말할 때 Medicine, Mmedication, Drug 세 단어가 떠오르죠. 한데 무슨 차이가 있을까요?

Medicine은 병을 치료하는 약을 말해요. 일반적으로 잘 알려져 있죠.

ex) Take the **medicine**.
 약 먹어.
 Do you like taking the herbal **medicine**?
 한약 먹는 거 좋아하니?

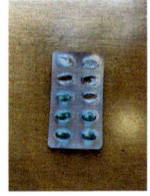

Medication은 병을 치료하는 모든 약과 치료 과정을 말해요.

ex) Did you take your **medication**?
 약 드셨어요?
 I'm on **medication**.
 약물 치료 중이에요.

Drug는 약과 (부정적인) 마약류를 모두 포함해서 말해요.

ex) She is taking **drug**s.
 그녀는 마약을 복용하고 있어.
 He is a **drug** user.
 그는 마약 중독자야.

* 참고: Drug store에서는 의약품 이외에 일용잡화, 담배, 화장품, 책 등도 판매한다. Pharmacy는 약사가 약을 조제하는 곳으로 조제실, 약국을 말한다.

Where is the **drug** store?
약국이 어디 있죠?

빈칸 채우기

1. I'm taking some _____.

   약을 좀 복용하고 있어요.

2. You can buy it at the _____ store.

   약국에서 살 수 있어요.

3. The number of _____ users is on the rise.

   마약 복용자 수가 증가하고 있다.

4. The _____ is good for you.

   그 약은 너한테 좋아.

---

* 요점: 병을 치료하는 약은 Medicine, 약과 치료 과정은 Medication, 마약류를 포함한 약은 Drug

079 Chance, Opportunity

'기회'를 영어로 하면 Chance와 Opportunity가 떠오르는데 무슨 차이가 있을까요?

Chance는 **(노력 없이) 운이나 불확실한 상황**으로 생기는 **기회/가능성**을 말해요.

ex) I had no **chance**
to travel Jeju island.
제주도를 여행할 기회가 없었어요.

Give me a **chance**.
기회를 주세요.
We had a **chance**
to eat Mexican food.
멕시코 음식을 먹을 기회가 있었어요.

---

* 참고: 전 세계 최대 전자상거래 사이트 알리바바 그룹의 마윈 회장이 했던 말이다.
"Opportunity? Listen to other people's complaints."

Opportunity는 **(원하거나 하고 싶었던 것을) 노력에 의해 얻게 되는 좋은 기회**를 말합니다.

ex) It's the **opportunities** for travel, that I like best about banking.
금융업에서 제일 좋은 건 여행할 수 있는 기회들이죠.

Where is an **opportunity**?
기회가 어디 있죠?

It's a once-in-a-lifetime **opportunity**.
평생에 한 번뿐인 기회야.

빈칸 채우기

1. You gave me a good _____ to succeed.
   당신은 저에게 성공할 좋은 기회를 주셨어요.

2. Don't miss the _____.
   기회를 놓치지 마.

3. I had a _____ to talk to him.
   그에게 말을 걸 기회가 있었어요.

4. Crisis is an _____.
   위기는 기회다.

유튜브 해설 강의

* 요점: 운에 맡기는 Chance보다는 노력으로 얻게 되는 Opportunity를 잡아야 된다.

Something, Anything, Nothing

Something은 '**어떤 것(일)**'이란 뜻으로 <mark>긍정문, 평서문, 의문문</mark>에 쓰여요.

ex) I have **something** to say.
할 말이 있어.
Something to drink?
마실 것 드릴까요?
Do **something** different.
다른 일을 해 봐.
Something happened last night.
어젯밤에 무슨 일이 있었어.

Anything은 '**무엇, 아무것**'이란 뜻으로 <mark>의문문, 부정문, 평서문</mark>에 쓰여요.

ex) Is there **anything** cheap?
싼 게 있나요?
Anything new?
새로운 거 뭐 있나요?
Anything else?
그 밖에 또 뭐 있나요?
Is there **anything** I can do?
내가 할 수 있는 게 있니?
I don't know **anything** about it.
난 그것에 대해 아는 게 전혀 없어.

---

* 참고: 예전에는 "Something 있냐?"라고 묻곤 했는데 요즘은 "Some 타냐?"라고 물어본다. 인터넷의 발달로 말 길이도 점점 줄어드는 것 같다.

Nothing은 '**아무것도, 전혀 ~아니다, 없다**'란 뜻으로 **부정문**에서 전체부정으로 쓰여요.

ex) I have **nothing** to do.
할 일이 전혀 없어.
I'm **nothing**.
난 아무것도 아냐.
Nothing new.
새로운 게 전혀 없어.
Nothing better.
더 좋은 건 없어.
Better than **nothing**.
아예 없는 것보다는 나아.

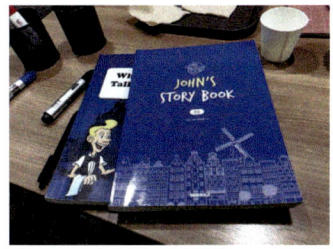

빈칸 채우기

1. They eat _____.

   그들은 무엇이든 먹어.

2. _____ came up.

   일이 생겼어.

3. There is _____ on the desk.

   책상 위에는 아무 것도 없어.

유튜브 해설 강의

* 요점: Something은 긍정문, Anything은 의문문, Nothing은 부정문에서 쓴다고 보면 된다.

Break, Vacation

'**방학**'을 영어로 하면 Break인지 Vacation인지 헷갈리곤 하죠. 정확히 구분해 보아요.

Break는 **잠시 동안 쉬는** 걸 의미해요. 수업 중 쉴 때, 일하다가 쉴 때, 학교에서의 **짧은 방학**도 break에 해당하죠.

ex) Let's take a **break**.
　　좀 쉬다 하죠.
　　He smokes during the **break** time.
　　그는 쉬는 시간에 담배를 펴요.
　　When is your spring **break**?
　　봄 방학이 언제지?

Vacation은 1~3개월 정도의 **긴 방학**이나 **직장인들의 휴가**를 말해요.

ex) What are your plans for winter **vacation**?
　　겨울 방학 계획이 뭐니?
　　John is on **vacation**.
　　존은 휴가 중이에요.
　　Is it paid **vacation**?
　　유급휴가인가요?

---

* 참고: 회사에서는 50분 일하고 10분 휴식하는 것이 바람직하다. 휴가 또한 1년에 한두 번씩 써야 활력도 생기고 일하는 동기부여도 된다.

빈칸 채우기

1. John is _____ing on Jeju island.

   좐은 제주도에서 휴가를 보내고 있어.

2. Let's take a coffee _____.

   커피 한잔하며 쉬죠.

3. He'll take a _____ to Hawaii.

   그는 하와이로 휴가 갈 거야.

4. I need a _____.

   좀 쉬어야겠어요.

5. Give me a call during the _____.

   쉬는 시간에 전화 좀 줘.

유튜브 해설 강의

---

* 요점: 짧은 휴식/방학인지 긴 방학, 휴가인지로 구분하면 된다.

Crash, Clash, Crush

충돌과 관련된 세 단어를 비교해 보아요.

Crash는 '**(사물, 동물 등의 물리적)** 사고, 추락하다, 충돌하다'란 뜻이에요.

ex) There was a car **crash**.
    자동차 충돌 사고가 있었어.
    The plane **crash**ed into the sea.
    비행기가 바다로 추락했습니다.
    The bear **crash**ed into a tree.
    곰이 나무를 들이받았어요.

Clash는 '**(사람들 간의 감정적)** 충돌, 언쟁하다, 맞붙다'란 뜻입니다.

ex) He **clash**ed with his neighbors.
    그는 이웃들과 언쟁을 벌였어요.
    The **clash** of two teams is inevitable.
    두 팀의 충돌은 피할 수 없어.

---

* 참고: Candy Crush Saga란 인기 모바일게임이 있다. 사탕을 으깨서 맞추는 퍼즐게임이다.

Crush는 '**으스러뜨리다, 으깨다, 쑤셔 넣다, 홀딱 반하다**'란 뜻이에요.

ex) Let me **crush** the garlic.
　　제가 마늘 으깰게요.
　　I had a **crush** on her.
　　그녀에게 홀딱 반했어요.

빈칸 채우기

1. I survived a plane _____.
   비행기 추락 사고에서 생존했어요.

2. My suitcase got _____ on the plane.
   내 여행 가방은 기내에서 찌그러졌어.

3. US and China _____ at the international meeting.
   미국과 중국은 그 국제회의에서 충돌한다.

유튜브 해설 강의

---

* 요점: 동물/사물의 충돌인지 사람의 충돌인지로 Crash와 Clash를 구분해 보자.

Test, Exam, Quiz

'시험' 하면 떠오르는 세 단어, Test, Exam, Quiz는 어떤 차이가 있을까요?

Test는 어떤 **능력, 실력, 상태 등을 확인**하기 위한 '**비교적 간단한 시험, 검사**'예요. '**누군가를 테스트해 보다**'란 뜻도 있죠.

ex) How was your TOEIC **test**?
　　토익 시험 어땠니?
　　When is your medical **test**?
　　메디컬 테스트가 언제지?
　　Jenny is **test**ing me.
　　제니는 날 시험하고 있어.

Exam은 '**정규적이고 형식적인 시험**'으로 학교의 **중간/기말고사, 국가고시, 각종 자격증 시험** 등이 해당되죠.

ex) I have to study for the final **exam**.
　　기말고사 공부해야 돼.
　　She failed her English **exam**.
　　영어 시험에 떨어졌어.
　　It was noisy during the **exam**.
　　시험 중에 시끄러웠어.

---

* 참고: SAT(대학수능시험)는 Scholastic Aptitude Test의 약자다.

Quiz는 학기 중에 (비공식적으로) **'간단히 보는 쪽지 시험'**을 말해요. 일상에서 내는 퀴즈도 되고 방송에서도 퀴즈프로그램이 있고요.

ex) Here is a **quiz**.
    퀴즈 하나 낼게.
    I had a science **(pop) quiz** yesterday.
    어제 과학 쪽지 시험이 있었어.
    The **quiz** show is so popular.
    그 퀴즈쇼는 꽤 인기가 많아.

빈칸 채우기

1. Let's do the speed _____.
   스피드 퀴즈 하자.

2. How was the mid-term _____?
   중간고사 어땠어?

3. I'm going to take a _____ tomorrow.
   내일 시험 볼 거야.

4. Life is always a _____.
   인생은 항상 시험이야.

유튜브 해설 강의

---

* 요점: 간단히 보는 시험/검사는 Test, 정규적인 시험은 Exam, 간단히 보는 쪽지 시험은 Quiz

Smell, Scent, Odor

냄새와 관련된 단어로 Smell, Scent, Odor 등이 있는데 어떤 차이가 있을까요?

Smell은 악취와 좋은 향기 다 포함해요.

ex) **Smell**s good.
  좋은 냄새나네.
  The **smell** of hamburger is disgusting.
  햄버거 냄새는 역겨워.

Scent는 향기, 향내 등 좋은 냄새를 말해요.

ex) I like the movie, **Scent** of a Woman.
  영화, 여인의 향기 좋아해.
  Did you smell the **scent** of roses?
  장미 향기 맡았어?

Odor는 불쾌한 냄새, 악취 등을 의미해요.

ex) His foot **odor** is awful.
  그의 발냄새는 지독해.
  I can't stand his armpit **odor**.
  그의 암내를 참을 수 없어요.

* 참고: Something smells fishy. '뭔가 냄새가 나요. 뭔가 수상해요.' 표현도 알아 두자.

빈칸 채우기

1. How can I remove toilet _____?
   화장실 악취를 어떻게 없애지?
2. Smell the _____ of this flower.
   이 꽃향기를 맡아 봐.
3. I can _____ something burning.
   탄내가 나네.
4. He _____ of alcohol.
   그는 술 냄새가 나.

유튜브 해설 강의

---

* 요점: Smell은 악취와 좋은 향기, Scent는 향기/향내 등 좋은 냄새, Odor는 악취/불쾌한 냄새

Person, Persons, People

두 명을 영어로 할 때 two persons인지 two people인지 헷갈리시죠. 엘리베이터 안에서도 보면 8 persons라고 적혀 있고요. **Person**과 **People**을 확실히 구분해 보아요.

Person은 **사람 한 명**이란 뜻이죠. 사람들과 어울리기 좋아하는 사람을 People person이라고도 해요.

ex) She is a social **person**.
　　그녀는 사교적인 사람이야.
　　What kind of **person** is he?
　　그는 어떤 사람이야?

Persons는 Person의 복수로 **사람들**이란 뜻이고 **형식적이고 공식적인 문서(뉴스기사) 등 문어체에서 주로 사용**해요.

ex) At least, 45 **persons** were killed.
　　적어도 45명이 사망했습니다.

People 또한 Person의 복수이고 **사람들**이란 뜻입니다. **회화체에서 주로 사용**해요.

---

* 참고: '사람들, 여러분'이란 뜻으로 folks 단어도 쓴다.
　ex) How're you doing, folks? 여러분 안녕하세요?

ex) There are two **people** in the park.
공원에 사람 두 명이 있어요.

How many **people** are coming?
몇 명이 오나요?

빈칸 채우기

1. Some _____ go camping on the weekend.

   어떤 사람들은 주말에 캠핑을 가요.

2. More and more _____ live alone.

   점점 더 많은 사람들이 혼자 살아요.

3. She is such a good _____.

   그녀는 정말 좋은 사람이야.

4. This meal is for 2 _____.

   이 음식은 2인분이에요.

유튜브 해설 강의

* 요점: 한 명은 1 person, 두 명은 2 people로 쓰면 된다. 2 persons는 문어체에서 사용한다.

Shirt, T-shirt, Trousers, Pants, Sweatsuit, Tracksuit

티셔츠나 바지 등을 영어로 할 때 좀 헷갈리시죠.

셔츠는 Shirt. 우리가 말하는 난방이죠. 정장 상의로 입기도 하고요.

ex) I got my **shirt** dirty.
    셔츠가 더러워졌어.

티셔츠는 T-shirt, 반팔은 Short-sleeves, 긴팔은 Long-sleeves.

ex) She is wearing a **T-shirt**.
    그녀는 티셔츠를 입고 있어.

바지는 Trousers(정장에 입는 바지), Pants(일반적인 바지, 영국에서는 팬티란 뜻도 있음), Slacks(느슨한, 편하게 입는 바지)

ex) I want to buy new **pants**.
    새 바지를 사고 싶어.

반바지는 Shorts.

ex) You shouldn't wear **shorts** when going to work.
    출근할 때 반바지 입으면 안 돼.

---

* 참고: Keep your shirt on. '진정해, 침착해, 열 올리지 마' 표현도 알아 두자.

청바지는 **Jeans**.

ex) He sometimes wears **jeans**
　　to work.
　　그는 이따금 청바지를 입고 출근해.

추리닝은 training wear가 아니라 **Sweatsuit**이나 **Tracksuit**이라고 해요.

ex) I'm in a **sweatsuit**
　　at home.
　　집에서는 추리닝 차림이야.

빈칸 채우기

1. I like your _____.

　　난방이 잘 어울려.

2. Isn't it cold to wear _____?

　　반바지 입기에 춥지 않니?

유튜브 해설 강의

---

* 요점: 난방은 Shirt, 반팔은 Short-sleeves, 긴팔은 Long-sleeves, 일반적인 바지는 Pants, 추리닝은 Sweatsuit이나 Tracksuit

Subject, Topic, Issue

주제, 제목, 화제 등을 말할 때 Subject, Topic, Issue란 단어가 떠오르는데 정확한 차이가 뭘까요?

Subject는 **말하고, 연구하고, 쓰고, 표현하는 것에 대한 일반적인 문제/일/사안**을 말해요. **주제, 문제, 과목** 등이란 뜻이죠.

ex) What is your favorite **subject**?
어느 과목을 제일 좋아하니?
I've written on the **subject**.
그 주제에 대한 책을 썼어.

Topic은 **대인관계나 연구대상에 있어 일반적으로 흥미를 끄는 문제/일/사안** 등을 말해요. **화제, 주제** 등이란 뜻이고요.

ex) What is today's discussion **topic**?
오늘 토론 주제는 뭐지?
That's an interesting **topic** to talk about.
흥미로운 대화 주제네요.

Issue는 **2명 이상의 개인, 그룹, 인종, 국가 간의 논쟁(분쟁)이 되는 문제/일/사안**을 말해요. **이슈, 쟁점, 사안** 등이란 뜻이에요.

---

* 참고: Be subject to '~의 대상이다, ~의 지배를 받다' 표현도 알아 두자.
ex) I've been subject to trauma from the car accident. 교통사고의 트라우마를 겪어 왔어.

ex) Gun control is a hot **issue** nowadays.
　　총기 규제는 요즘 뜨거운 쟁점이야.
　　This is a controversial **issue**.
　　이 문제는 논란의 소지가 많아.

빈칸 채우기

1. Do you have any good _____?

   좋은 대화 주제 있어?

2. Which _____ do you like, English or Math?

   영어와 수학 중 어느 과목을 좋아해?

3. It's a big _____.

   큰 문제야.

4. Let's talk about a different _____.

   다른 주제에 대해 얘기하자.

유튜브 해설 강의

---

* 요점: 일반적인 주제는 Subject, 흥미를 끄는 대화 주제는 Topic, 논쟁이 되는 문제는 Issue

Holiday, Vacation, Day off, Leave

'**휴일, 휴가, 월차, 쉬는 날**'을 영어로 말할 때 헷갈리시죠. 같이 구분해 보아요.

Holiday는 휴일이란 뜻으로 **나라에서 지정한 공휴일**을 말해요. 설날, 현충일, 크리스마스 등등 달력의 빨간날이죠.

ex) It's a **holiday** today.
　　So the shop is closed.
　　오늘 휴일이라 가게 영업 안 해.

Vacation은 **근로자들이 법적으로 쉬는 휴가**를 말하죠. Holiday보다 길고 휴가 때 여행을 떠나곤 해요.

ex) How was your **vacation**?
　　휴가 어땠어?

Day off는 **일하지 않고 그냥 쉬는 날**을 말해요. 주 5일 근무인데 주말에 근무하고 평일에 이틀 쉬면 그날이 Day off인 것이죠.

ex) It's my **day off**.
　　쉬는 날이에요.

---

* 참고: 유급휴가와 무급휴가는 각각 Paid/Unpaid vacation/leave

Leave는 **군대에서의 휴가, 회사에서는 병가 등 어떤 사유가 있어 쉬는 날**이에요. Maternal leave(엄마의 출산휴가), Paternal leave(아빠의 육아휴직), Parental leave(육아휴직).

ex) He is on **leave**.
그는 휴가 중이에요.

빈칸 채우기

1. I'll go on _____ next week.
   다음 주에 휴가 갈 거야.

2. I took a _____ yesterday.
   어제 하루 쉬었어.

3. She is on maternal _____.
   그녀는 육아휴직 중이야.

4. What is your plan for the Chuseok _____?
   추석 연휴 계획이 뭐예요?

유튜브 해설 강의

---

* 요점: 공휴일은 Holiday, 여행 등의 휴가는 Vacation, 그냥 쉬는 날은 Day off, 사정이 있어 쓰는 휴가는 Leave

Gift, Present, Prize

선물을 영어로 하면 Gift와 Present이죠.

ex) It's a **gift** for you.
널 위한 선물이야.
I gave her a birthday **present**.
그녀에게 생일 선물을 줬어요.

Gift는 명사로 쓸 때 '**재능, 재주**'란 뜻도 있어요.

ex) John has a **gift** for languages.
존은 언어에 재능이 있어.
Tom is a **gifted** teacher.
톰은 재능 있는 교사야.

Present는 동사로 쓸 때 '**주다, 증정하다, 건네다**' 등이란 뜻으로 쓰여요. 명사로 쓸 때 '**현재**'란 뜻도 있고요.

ex) We were **presented** with medals.
우리에게 메달이 수여됐어요.

---

* 참고: Present는 '현재'와 '선물'이란 뜻이다. 현재는 우리가 행동하고 바꿀 수 있는 선물이다.

Prize는 '**상, 상품, 경품**'이란 뜻으로, 어떤 일이나 성과, 경쟁, 시합 등에서의 성취에 대한 보상/포상으로 주는 것이죠.

ex) He won first **prize**.
　　그는 일등 상을 받았어.

빈칸 채우기

1. Give me a _____!
   상 주세요!

2. It's hard to find a job in the _____.
   현재 취업하기가 어려워.

3. I'm looking forward to a Christmas _____.
   크리스마스 선물이 너무 기대돼요.

4. Today is a _____.
   오늘은 선물이야.

유튜브 해설 강의

---

* 요점: 그냥 주는 선물은 Gift나 Present, 보상으로서의 상/상품은 Prize

Promise, Appointment, Engagement, Plan

'**약속**'을 영어로 할 때 Promise가 가장 먼저 떠오르죠. 한데 우리가 얘기하는 '약속'은 여러 단어들이 있어요.

Promise는 '~을 하겠다/하지 않겠다' 등 **다짐, 맹세**를 말할 때 써요.

ex) I **promise** you not to smoke.
금연하기로 약속할게.
She **promised** me to keep the secret.
그녀가 비밀을 지키기로 약속했어.
I **promise** I won't be late again.
다시는 늦지 않는다고 약속할게.

Appointment는 의사, 변호사, 미용사, 교사 등 전문가들과 **특정한 장소와 시간에 만나기로 약속**할 때 쓰죠. 약속보다는 **상담, 예약**에 가까워요.

ex) I have an **appointment** with the doctor.
의사와 면담이 있어.
I made an **appointment** with her teacher.
그녀 선생님과 (상담) 약속 잡았어.

Engagement는 공적인 업무나 **약혼, 격식 있는 약속**의 뜻으로 쓰여요.

---

* 참고: '약속 지킬게'는 I'll keep the promise.

ex) It's an **engagement** ring.
이게 약혼반지야.
This is your **engagement** in the company.
이게 회사에서 당신의 업무예요.
I have an another **engagement**.
다른 약속이 있어요.

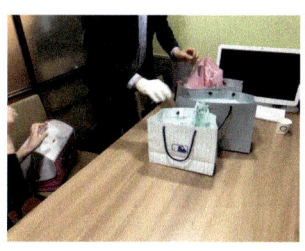

Plans는 우리가 평소에 사적으로 하는 약속/계획을 말하죠. 한데 **보통 약속이 있다고 할 때는 Plans**를 쓰고, **구체적인 계획(어떻게 ~을 할 계획)이 있는 경우는 A plan**을 써요.

ex) Do you have any **plans** today?
오늘 무슨 약속/계획 있어?
I have no **plans** today.
오늘 약속 없어.
I have **a plan** to meet with John at Starbucks and have lunch at a Chinese restaurant.
존과 스타벅스에서 만나서 중국집에서 점심 먹을 거예요.

유튜브 해설 강의

---

* 요점: 일상에서 캐주얼하게 하는 약속은 Plans를 쓰고, 구체적인 계획이 있는 경우는 A plan을 쓴다.

빈칸 채우기 정답

1. medicine, medication 2. drug 3. drug 4. medicine
1. opportunity 2. chance 3. chance 4. opportunity
1. anything 2. something 3. nothing
1. vacation 2. break 3. vacation 4. break 5. break
1. crash 2. crushed 3. clash
1. quiz 2. exam 3. test 4. test
1. odor 2. scent 3. smell 4. smell
1. people 2. people 3. person 4. persons
1. shirt 2. shorts
1. topic 2. subject 3. issue 4. topic
1. vacation 2. day off 3. leave 4. holiday
1. prize 2. present 3. present, gift 4. gift

복습 (아래 문장을 영어로 말해 보세요. 정답은 본문 예문 확인)

(아래 문장을 영어로 말해 보세요. 정답은 본문 예문 확인)
1. 약 먹어.
2. 멕시코 음식을 먹을 기회가 있었어요.
3. 평생에 한 번뿐인 기회야.
4. 할 말이 있어.
5. 새로운 거 뭐 있나요?
6. 좀 쉬다 하죠.
7. 자동차 충돌사고가 있었어.
8. 그는 이웃들과 언쟁을 벌였어요.
9. 그녀는 사교적인 사람이야.
10. 집에서는 추리닝 차림이야.
11. 오늘 토론 주제는 뭐지?
12. 쉬는 날이에요.
13. 그는 일등 상을 받았어.
14. 오늘 약속 없어.

알쏭달쏭한
접속사/전치사 표현들
(91~100)

One/Another/The other, Some/Others/The others

개수를 읽을 때 2개인 경우 **하나**는 One, **나머지 하나**는 The other라고 하죠. 정관사 **The가 붙어서 나머지를 확실히 정해 주는** 거예요.

ex) **One** is mine. **The other** is yours.
하나는 내 거고 다른 하나는 네 거야.

3개인 경우 **하나**는 One, **다른 하나**는 Another, **나머지 하나**는 The other가 되고요. Other(다른)와 An(하나)이 Another가 되죠.

ex) **One** is a Korean, **another** is an American, and **the other** is a Japanese.
하나는 한국인, 다른 하나는 미국인, 나머지 하나는 일본인이에요.

개수가 여러 개일 때 **몇 개**는 Some, **나머지 것들**은 The others라고 해요. **여기도 The가 붙어서 나머지 전부를 확실히 정해 주죠.**

ex) **Some** people are standing while **the others** are sitting.
몇몇 사람들은 서 있고 나머지 사람들은 앉아 있어요.

더 많은 것들을 읽을 때 **몇 개**는 Some, **다른 것들**은 Others, **나머지 것들**은 The others라고 해요.

---

* 참고: '서로서로'는 Each other(둘 사이)와 One another(두 명 이상 상호간에, 모르는 사이에서도 가능)를 쓸 수 있다.

ex) **Some** of them are paper cups, **others** are pumpkins, and **the others** are coins.
그것들 중 몇 개는 종이컵이고 다른 것들은 호박, 나머지 것들은 동전이에요.

빈칸 채우기

1. _____ animals are dogs. _____ are cats.

    몇몇 동물들은 개고 나머지 동물들은 고양이예요.

2. Some of them are students, _____ are teachers, and _____ are parents.

    그들 중 몇 명은 학생, 다른 몇 명은 선생님들, 나머지는 부모님들이다.

3. One is John, _____ is Jack, _____ is Kevin.

    한 명은 존, 다른 한 명은 잭, 나머지 한 명은 케빈이야.

4. One is an egg. _____ is an apple.

    하나는 달걀. 다른 하나는 사과예요.

유튜브 해설 강의

---

* 요점: 하나는 One, 다른 하나는 Another, 나머지 하나는 The other, 몇 개는 Some, 다른 것들은 Others, 나머지 것들은 The others

To 부정사, In order to, So as to

'**~하기 위해서**'를 영어로 하면 단순히 To **부정사** 형태와 In order to, So as to 표현들이 있는데 어떤 차이가 있을까요?

To **부정사**(To + 동사원형)는 회화에서 주로 쓰죠.

ex) I learn English **to get** a job.
　　취업하기 위해 영어를 배워요.
　　Can I go **to see** a doctor?
　　병원에 다녀와도 될까요?
　　I went to the park
　　to meet my friend.
　　친구 만나러 공원에 갔어요.

In order to는 주로 문어체에서 쓰고요.

ex) You need money **in order to** buy a house.
　　집을 사려면 돈이 필요해.

In order that을 쓰기도 해요.

ex) You need money **in order that** you can buy a house.
　　집을 사기 위해서는 돈이 필요해.

So as to도 문어체에서 주로 쓰여요.

---

* 참고: To 부정사는 '~하기 위해서' 목적의 뜻뿐만 아니라 원인/결과/조건/양보 등 다양한 의미로 쓰인다.

ex) She works hard **so as to** succeed.
   그녀는 성공하기 위해 열심히 일해요.

So that도 같은 의미로 써요.

ex) She works hard **so that** she can succeed.
   그녀는 성공하기 위해 열심히 일해요.

빈칸 채우기

1. I work _____ pay the bill.

   고지서 납부를 위해 일해요.

2. She always eats less _____ lose weight.

   그녀는 다이어트를 위해 늘 적게 먹어요.

3. I went to Hawaii _____ learn English.

   영어를 배우러 하와이에 갔어요.

4. You have to save money _____ get married.

   결혼하려면 돈을 모아야 돼.

유튜브 해설 강의

* 요점: To 부정사는 회화에서, In order to와 So as to는 문어체에서 '~하기 위해서'의 미로 쓰인다.

093　When I was young

'내가 어렸을 때'를 영어로 하면 보통 When I was young만 떠오르는데 다른 표현들도 있을까요?

When I was little이라고 하면 **10세 이하의 나이였을 때**를 말해요.

ex) **When I was little**, I used to play in the nature.
　　어렸을 때는 자연에서 뛰어놀곤 했어요.

When I was a kid는 **5~18세 나이였을 때**를 말해요.

ex) **When I was a kid**, I didn't like eating hamburger.
　　어렸을 때는 햄버거 먹는 걸 싫어했어요.

When I was younger는 40, 50대 정도 된 사람이 **20대, 30대 시절**을 얘기할 때 써요. **'어렸을 때/좀 더 젊었을 때'**란 뜻이죠.

ex) **When I was younger**, I wanted to be rich.
　　어렸을 때/좀 더 젊었을 때는 부자가 되고 싶었어요.

---

* 참고: When을 의문사 '언제'로도 연습해 보자.
　ex) When are you happy? 언제 행복해요?

When I was young은 60대 이상 정도 된 사람이 '**젊었을 때**'를 회상하며 사용하죠. 젊었을 때를 나이로 한정하기는 어렵지만 **20대 이상~현재보다 어린 나이**로 생각하면 되겠네요.

ex) **When I was young**, I had a lot of friends.
　　젊었을 때는 친구가 많았어.

빈칸 채우기

1. When I was _____, I had a dream.
   좀 더 젊었을 때는 꿈이 있었어.

2. When I was _____, I looked cool.
   젊었을 때는 멋졌었거든.

3. When I was _____, I used to drink milk.
   어렸을 때는 우유를 먹곤 했어요.

4. When I was _____, I liked playing soccer.
   어렸을 때 축구하는 걸 좋아했어요.

유튜브 해설 강의

* 요점: When I was little과 When I was a kid는 '어렸을 때', When I was younger와 When I was young은 '젊었을 때'

Compare to, Compare with

'~와 비교하다'를 영어로 할 때 Compare to와 Compare with를 쓰는데 어떤 차이가 있을까요?

Compare to는 **비교대상이 다른 종류의 것일 때** '~와 비교하다, ~에 비유하다'란 뜻으로 유사성을 비교하는 거예요.

ex) Nothing can **compare to** John's class.
   존의 수업과 비교할 수 있는 것은 없어.
   Don't **compare** men **to** animals.
   사람을 동물과 비교하지 마.
   Compared to health, money is less important.
   건강에 비하면 돈은 덜 중요해.

   Good sleep can't **compare to** any good medicine.
   충분한 수면은 어떤 좋은 약과도 비교할 수 없다.

---

* 참고: 우리나라만큼 남들과 비교하는 문화가 팽배한 나라도 드물 것이다. 영어를 충분히 잘 말할 수 있는데도 남들과 비교하다 보니 늘 열등감에 빠져 있다.

Compare with는 **비교대상이 동일하거나 비슷한 종류일 때** '~와 비교하다'
란 뜻으로 차이점을 비교하는 거예요.

ex) I don't want to **compare with** you.
너랑 비교하고 싶지 않아.

Seoul may be **compared with** Tokyo.
서울은 도쿄와 비교될 수 있어.

Don't **compare** yourself **with** others.
너 자신을 다른 사람들과 비교하지 마.

빈칸 채우기

1. His English can't _____ my English.

   그의 영어는 내 영어랑 비교할 수 없어.

2. Don't _____ time ___ money.

   시간을 돈에 비교하지 마.

3. The new car doesn't _____ the old one.

   새 차는 오래된 차랑 비교가 안 돼.

---

* 요점: 비교대상이 다른 종류의 것일 때는 Compare to, 동일하거나 비슷한 종류일 때는 Compare with

095 Like, Such as

'~같은'을 영어로 말할 때 **Like**와 **Such as**가 떠오르는데 어떤 차이가 있는지 궁금하시죠?

Like는 '**~같은, ~와 비슷한**'이란 뜻으로 <mark>뒤에 오는 것들과 같거나 비슷하며 (한정해서) 비교</mark>를 할 때 쓰여요.

ex) Life is **like** a box of chocolates.
　　인생은 마치 초콜릿 상자와 같아.
　　(인생을 초콜릿 상자에 비유)

　　I like the brands **like** Starbucks and Apple.
　　스타벅스와 애플 같은 브랜드를 좋아해.
　　(스타벅스와 애플 같은 브랜드로 한정함)
　　There are some students **like** John and Peter.
　　존과 피터 같은 학생들이 있어요.
　　(존과 피터 비슷한 학생으로 한정함)

Such as는 '**예를 들면, ~등등**'이란 뜻으로 <mark>뒤에 오는 것들을 포함하며 예시</mark>를 들 때 쓰여요.

ex) I like the animals **such as** dogs and cats.
　　개와 고양이 등 동물을 좋아해요. (동물을 좋아한다는 것을 강조)
　　I've had some fast food **such as** hamburger.
　　햄버거 등의 패스트푸드를 먹었어요. (패스트푸드를 강조)
　　John speaks many languages **such as** English and Chinese.
　　존은 영어, 중국어 등 여러 언어를 말해요. (존이 다국어를 한다는 것을 강조)

---

* 참고: '예를 들어'는 For example, For instance 등을 쓸 수 있다.

빈칸 채우기

1. I've been to many countries _____ Japan and India.

   일본과 인도 등 많은 나라들을 가 봤어.

2. You should play sports _____ basketball.

   농구 등의 스포츠를 해야 돼.

3. She looks _____ her mom.

   그녀는 엄마를 닮았어.

4. There is nothing _____ home.

   집보다 나은 곳은 없다.

유튜브 해설 강의

---

* 요점: 뒤에 오는 것들과 비교할 때는 Like, 예를 들 때는 Such as

Each other, One another

'서로, 서로서로'를 영어로 할 때 두 명 사이 '서로서로'는 Each other, 세 명 이상 '서로서로'는 One another로 알고 있죠.

한데 **실제로는 구분을 두지 않고**, One another는 형식적인 표현이라 잘 사용하지 않으며, Each other가 **더 보편적으로 쓴다**고 하네요.

ex) Do you like
each other/one another?
너희들 서로 좋아하니?
We try to help
each other/one another.
우리는 서로서로 도와주려 해.

They usually call **each other**'s/**one another**'s English names.
그들은 보통 서로 상대방의 영어 이름을 불러.
We've known **each other/one another** for many years.
우린 서로 알고 지낸 지 여러 해 됐어.

---

* 참고: Hand in hand는 '손에 손잡고', arm in arm은 '서로 팔짱을 끼고'

빈칸 채우기

1. Do you know _____?
   서로 아는 사이예요?

2. They eat _____ food.
   그들은 서로 상대방의 음식을 먹어요.

3. We need _____.
   우린 서로 필요해.

4. They don't care about _____ lives.
   그들은 서로의 삶에 대해 신경 쓰지 않아.

유튜브 해설 강의

---

* 요점: 앞으로는 사람 수에 상관없이 '서로서로'를 Each other로 말해도 무방하다.

097 You know

미국 캘리포니아에 체류 중인 수강생이 집 앞에 있던 미국인들의 대화를 엿들었는데 You know 표현을 여러 번 사용했다고 하네요.
어학연수를 갔다 온 한국 학생들 중 You know를 습관적으로 자주 쓰는 학생들도 가끔 보고요. 즐겨 듣는 영어라디오 방송 진행자분도 You know를 많이 사용해요. 사실 영어 뉴스방송 등 공식적인 자리에서는 You know를 거의 사용하지 않죠.
You know는 다음과 같은 상황에 사용해요.

첫째, 문장을 말하면서 **다음 문장을 말하기 전에 잠시 생각하면서 쉬는 말**이에요. '저기, 있잖아. 그러니까' 정도의 어감이죠.

ex) I'm too busy, **you know**, I have no time to rest.
　　너무 바빠서, 있잖아, 쉴 시간도 없어.

둘째, **상대방이 알고 있는 걸 기억나게 해 주거나 설명해 줄 때** 사용해요. '알지, 알잖아, 왜 그거 있잖아' 등의 어감이에요.

ex) What is the name of the restaurant? **You know** the popular Chinese restaurant?
　　그 음식점 이름 뭐지? 그 인기 많은 중국 음식점 알잖아?

＊ 참고: 대화 시 You know를 쓸 수 있는데 너무 자주 쓰는 건 좋아 보이지 않는다. 특히 공식적인 자리에서는.

셋째, **자신의 말을 강조할 때** 써요. **'알겠지?, 이해하지?'** 등의 어감이에요.

ex) I did my best, **you know**?
　　나 할 만큼 했다, 알겠지?

또한 **What과 함께** 쓰여요.

ex) **You know** what?
　　너 그거 알아?
　　You know what I mean?
　　내 말 무슨 뜻인지 알지?
　　You know what I'm saying?
　　무슨 말인지 알아?
　　You know what I'm talking about?
　　내 말 무슨 말인지 알지?

빈칸 채우기

1. It's not easy, _____, it costs a lot.
   쉽지 않아. 알잖아, 비용이 많이 들어.

2. I was taking a shower, _____, when you called me.
   네가 전화했을 때, 저기, 샤워하고 있었어.

유튜브 해설 강의

---

* 요점: You know는 다음 문장을 말하기 전에 잠시 생각하면서 쉴 때, 상대방이 기억나게 해 주거나 설명해 줄 때, 자신의 말을 강조할 때 써요.

098 On & Off

Turn on, Turn off를 비롯해 **On**과 **Off**는 다양한 상황에서 쓰이는데 어떤 차이가 있을까요?

On은 **접촉, 지속, 지금, ~한 상태**의 의미를 가지죠.

ex) Turn it on. 켜.
　　Go on. 계속해.
　　I'm on the way. 가는 중이야.
　　It's on me. 내가 낼게.
　　It's on the house. 서비스예요.
　　John is on vacation. 존 휴가 중이야.

Off는 **분리, 단절**의 의미를 가져요.

ex) Turn **off** the radio.
　　라디오 꺼.
　　Get **off** the bus.
　　버스에서 내려.
　　She is **off** the market.
　　그녀는 임자 있어.
　　I was **off**-line.
　　인터넷이 끊겼었어.
　　He is **off** today.
　　그 사람 오늘 쉬는 날이야.

---

* 참고: On은 요일, 특정한 날 앞에 오기도 하고 대중교통 수단을 타고 있을 때도 쓴다.
　ex) On Monday. 월요일에. On Christmas. 크리스마스에.
　　　I'm on the subway. 지하철 타고 있어.

빈칸 채우기

1. I'll see you _____ at the airport.

    공항에서 배웅해 줄게.

2. What do you do _____ the weekend?

    주말엔 뭐 해요?

3. Is it _____ you?

    네가 쏘는 거니?

4. Take _____ your shoes.

    신발 벗어.

5. Let me drop you _____ at the bus stop.

    버스정류장에 내려드릴게요.

유튜브 해설 강의

---

* 요점: On은 접촉/지속/지급/~한 상태, Off는 분리/단절

099 Within, In

Within과 In 둘 다 '**~내에**'란 뜻으로 쓰는 것 같은데 확실히 구분해 보아요.

어떤 **특정한 시점/시간 이내**를 말할 때는 Within을 써요.

ex) I'll be back **within** 30 minutes.
　　30분 이내에 돌아올게.
　　I'll be able to finish my homework **within** an hour.
　　숙제를 한 시간 내에 끝낼 수 있을 거예요.

어떤 **특정한 시점/기점 이후**를 말할 때는 In을 써요.

ex) I'll get there **in** two hours.
　　두 시간 후에 도착할 거야.
　　Give me a call **in** 20 minutes.
　　20분 후에 전화 줘.

In은 '**~에, ~만에**'로도 해석할 수 있어요.

ex) I have three meetings **in** a week.
　　일주일에 회의가 세 개 있어.
　　It was the heaviest snowfall **in** 10 years.
　　십 년 만의 최대 폭설이었어요.

---

* 참고: Within은 '(어떤 조건이나 한계) 내에서'란 뜻으로도 쓰인다.
　ex) You can spend the money within budget. 예산 범위 내에서 돈을 써.

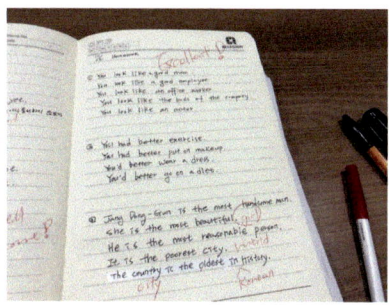

빈칸 채우기

1. She's going to America _____ two years.

   그녀는 2년 후에 미국에 갈 거예요.

2. You should finish the work _____ this week.

   이번 주 내에 그 일을 끝마쳐야 해.

3. He's coming _____ a few minutes.

   그는 몇 분 후에 올 거예요.

4. You'd better visit him _____ this month.

   이번 달 안으로 그에게 방문하는 게 좋을 거야.

유튜브 해설 강의

---

* 요점: 특정한 시점/시간 이내는 Within, 특정한 시점/기점 이후는 In

100 Due to, Because of

'~때문에, ~로 인해서'를 영어로 할 때 Due to와 Because of가 떠오르는데 어떤 차이가 있을까요?

Due to는 '~때문에, ~에 기인한, ~로 인한' 등으로 해석할 수 있고 ==주어(명사)에 대한 원인==을 나타내요.

ex) The traffic jam is **due to** a car accident.
 교통체증은 교통사고 때문이에요. (교통체증에 대한 원인을 말해 주죠)
 Cold weather is **due to** climate change.
 추운 날씨는 기후변화가 원인이에요. (추운 날씨에 대한 원인을 말해 주고요)
 Headache is **due to** my child.
 두통은 내 아이 때문에 생겼어요. (두통의 원인을 알려 주죠)

Because of는 '~때문에'로 해석하고 ==동사에 대한 원인==을 나타내요.

ex) **Because of** you, I'm afraid.
 너 때문에 무서워. (무서워하는 이유를 말해 주죠)
 I failed **because of** my laziness.
 게으름 때문에 실패했어. (실패한 원인을 말하고요)
 Restaurants are closed at 9pm **because of** Corona.
 코로나 때문에 식당들이 9시에 닫아요. (문을 닫는 이유를 알 수 있죠)

---

* 참고: '~덕분에'는 Thanks to
 ex) Thanks to John, I speak English better than before.
  존 덕분에 전보다 영어 실력이 좋아졌어요.

빈칸 채우기

1. I'm tired _____ my homework.

    숙제 때문에 피곤해요.

2. The movie's success is _____ the story line.

    그 영화의 성공은 줄거리 구성 때문이에요.

3. Economic recession is _____ the war.

    경기침체는 전쟁이 원인이에요.

4. The flight was canceled _____ the snowstorm.

    폭설 때문에 항공편이 취소되었어요.

유튜브 해설 강의

---

* 요점: 주어에 대한 원인을 나타낼 때는 Due to, 서술어에 대한 원인을 나타낼 때는 Because of

빈칸 채우기 정답

1. some, the others 2. others, the others 3. another, the other 4. the other

1, 2, 3, 4. to, in order to, so as to

1. younger 2. young 3. little, a kid 4. little, a kid

1. compare with 2. compare, to 3. compare with

1. such as 2. such as 3. like 4. like

1, 3. each other, one another 2, 4. each other's, one another's

1, 2. you know

1. off 2. on 3. on 4. off 5. off

1. in 2. within 3. in 4. within

1. because of 2. due to 3. due to 4. because of

복습 (아래 문장을 영어로 말해 보세요. 정답은 본문 예문 확인)

1. 하나는 내 거고 다른 하나는 네 거야.
2. 한 명은 한국인, 다른 한 명은 미국인, 나머지 한 명은 일본인이에요.
3. 친구 만나러 공원에 갔어요.
4. 어렸을 때는 자연에서 뛰어놀곤 했어요.
5. 젊었을 때는 친구가 많았어.
6. 사람을 동물과 비교하지 마.
7. 너랑 비교하고 싶지 않아.
8. 인생은 마치 초콜릿 상자와 같아.
9. 개와 고양이 등 동물을 좋아해요.
10. 우린 서로 알고 지낸 지 여러 해 됐어.
11. 서비스예요.
12. 그녀는 임자 있어.
13. 20분 후에 전화 줘.
14. 두통은 내 아이 때문에 생겼어요.
15. 너 때문에 무서워.

서양 문화 엿보기

1. Potluck party: 참가자가 각자 요리하거나 준비한 음식을 가지고 와서 나눠 먹는 파티. 파티 중간에 주최자가 게임을 진행해 상품을 주기도 하고 장기자랑도 한다. 파티 마무리 전에는 각자 가져온 선물 교환을 한다.

2. BYOB party: (Bring Your Own Bottle) 참가자가 자신이 마실 술이나 음료를 가져오는 파티.

3. Baby shower: 임신 축하 선물 파티.

4. Bachelor party: 결혼식 전야에 신랑이 (동성) 친구들과 즐기는 파티.

5. Halloween party: 10월 31일 할로윈 데이에 각자 원하는 의상을 입고 참가하는 파티.

WAYTA Talking Club
blog.naver.com/wayta

If you have questions, please let us know via email.

(wayta@naver.com)

Thank you so much!